中华人物故事汇

中华先烈人物故事汇

朱克靖

军事科学院解放军党史军史研究中心

学习出版社

中华先烈人物故事汇《朱克靖》编委会

主　任：陈传刚

副主任：陈秋波　陈永红　周　鑫

编　委：郭　芳　褚　杨　王　冬

　　　　王　雷　黄学爵　刘向东

主　编：陈秋波

编　著：刘　巍

目 录
Contents

引　子

朱克靖，原名宏夏，字竹懿（亦作竹怡），号克靖，湖南醴陵人。1919年考入北京大学。1922年加入中国共产党。1923年赴苏联莫斯科东方劳动者共产主义大学学习。1925年任国民革命军第3军党代表兼政治部主任。1926年7月，随第3军参加北伐战争，11月当选共产国际执委会委员。1927年参加南昌起义并任第9军党代表。1938年任新四军政治部顾问、战地服务团团长。1940年、1941年先后任苏北临时参政会副议长、苏中第三分区专员。1945年5月任浙西行政公署主任。1945年冬，随新四军北上山东。1946年1月，任新四军兼山东军区秘书长、联络部部长。1947年年初因叛徒出卖被捕，押往南京，10月，被国民党反动当局杀害。

朱克靖1895年出生于湖南省醴陵县（今醴陵市）一个农民家庭，在兄妹12人中年龄最小。父母辛勤劳作，供他念私塾和县城的中学。1919年，从长沙第一中学毕业的朱克靖，一举考入北京大学。这时的北大，经过五四运动的洗礼，已成为新文化、新思想的中心。朱克靖在这里经常与进步人士接触，积极参加学生运动和工人运动，逐步从一个具有反帝反封建思想的爱国主义者，转变为共产主义者。1922年，他在北京加入中国共产党。1923年，朱克靖受党派遣到苏联莫斯科东方劳动者共产主义大学学习。1925年7月回国，8月，受中共中央派遣，到广州就任国民革命军第3军党代表兼政治部主任。1926年7月，参加北伐战争。

1927年4月，朱克靖被武汉国民政府任命为江西省政府秘书长。他利用这一身份积极开展工作，推荐朱德担任南昌市公安局局长，让方志敏主持国民党江西省党部的工作。大革命失败后，朱克靖和朱德等一同争取第3军官兵参加南昌起义。南昌起义后，任第9军党代表。起义部队南下失败后，朱克靖同党组织失去联系，先后在北京、天津、桂林、南昌等地坚持革命活动。

1937 年冬，朱克靖恢复了中国共产党的组织关系。1938 年 1 月，被任命为新四军政治部顾问、战地服务团团长，负责宣传、民运工作。战地服务团大多数成员是从上海、南京、武汉等地来的爱国青年学生。在朱克靖的引导下，这批青年脱下旗袍、西服，穿上军装、草鞋，逐步锻炼成为坚强的革命战士。朱克靖带着这批青年跋山涉水，不畏艰险，到各抗日民主根据地演出，开展民运工作。从 1938 年春到 1939 年春，他们行程万里，历经苏、浙、皖、赣 4 省 20 余县，有力地配合了部队作战，扩大了共产党、新四军的影响。

1940 年春，朱克靖兼职负责新四军统战工作。7 月，受陈毅之托，争取苏北地方实力派李明扬、李长江与新四军合作，使“二李”保持中立，为新四军攻占黄桥、打乱国民党顽固派的进攻部署、建立苏皖抗日根据地作出了重要贡献。黄桥决战后，苏北临时参政大会在海安召开，朱克靖作为中共方面的代表当选为苏北临时参政会副议长，后又兼任苏中三分区行政专员公署专员。

1946年10月，朱克靖任新四军兼山东军区和山东野战军联络部部长，策动国民党淮海绥靖公署长官郝鹏举率部起义。郝鹏举部被改编为华中民主联军后，朱克靖被任命为该部政治委员，领导了这支部队的改编和民主改造。全国内战爆发后，郝鹏举于1947年1月率部叛变革命，朱克靖被叛军逮捕，并被押往南京。国民党反动当局对朱克靖软硬兼施，劝降利诱，严刑拷打，均遭到他的坚决拒绝。面对蒋介石的亲自劝诱，朱克靖公然申明："我有两个生命，一个是肉体生命，一个是政治生命。我虽跨党从事革命，但我是为共产党打天下。现在我已成阶下囚，我宁愿牺牲我的肉体生命。我为共产主义理想奋斗了大半生，我不能牺牲我的政治生命。"并在狱中写诗明志："此身早许国，被卖作楚囚。壮士非无泪，不为断头流！"

1947年10月，时年52岁的朱克靖被国民党反动当局秘密杀害于南京郊外。

时光荏苒，物换星移，但是中国人民没有忘记他！朱克靖的伟大功绩和崇高品德，与高山同在，与绿水长流，与祖国大地永存！

01 求学报国，追求马列真理

潇湘出奇才　求学在北大

朱克靖的老家在湖南省醴陵县（今醴陵市）。距醴陵县城不远，有个北乡株树下村，1895 年 10 月 29 日，朱克靖就出生在村里的朱家老屋。

朱克靖原名宏夏，字竹懿，号克靖。朱克靖是家里最小的儿子，脸色黝黑，大家都叫他“黑子”。朱家并不富裕，但是父母却坚持在朱克靖 8 岁时供他入本乡本族的私塾就读。

朱克靖好学强记，他不但一学就会，而且能讲解书中的内容，还能将书中的内容应用于实际。

有一年春节，他写了一副对联贴在大门上：

建山顽石参天地，
渌水芳流绘古今。

建山是朱家老屋背后的山，渌水是流经醴陵的河，这副对联把家乡山水巧妙嵌入楹联，受到了乡亲们的赞许。

后来，朱克靖考入醴陵县城朱子祠高等小学。14 岁时，又考入醴陵县城的中学。由于家庭经济困难，一度辍学，幸得本族祠堂出资，才得以继续完成学业。其后，他接触到新学，受到了辛亥革命的影响，从此，他的思想上展开了一个更广阔的世界。

初中毕业后，朱克靖几经辗转，考入公立湖南长沙第一中学。朱克靖在学校里谨遵校训，努力学习。当时，毛泽东、蔡和森、李富春、蔡畅也都在这所学校读书，他们组织各种学会，探索救国救民的真理。

1918 年，朱克靖高中毕业，憧憬着到广阔的世界里施展抱负，做一番事业。但是家里给他定了一门亲事，想把他留在家乡。

1919 年，五四运动风起云涌，唤醒了无数被封建主义宗法观念束缚的青年，使他们走上了冲破封建藩篱追求个性解放的道路。和那些接受新思想的青年一样，朱克靖反对父母包办婚姻大事，便决意离家出走。朱克靖心中有一个向往已久的遥远的地方，那里是新思想的发源地——北京大学。

1919 年夏，24 岁的朱克靖考入北京大学。

那时的北京，五四运动的影响向深广发展，新文化思潮风行日盛。北京大学的李大钊和几个进步教授发起成立“马克思学说研究会”。朱克靖成为学会的第一批会员，经常与李大钊等人一起学习、研讨和传播马克思主义思想。

由于家境不宽裕，在北大求学的朱克靖没钱交学费，很多时候只是旁听生。但他敬重李大钊为导师，随从他学习研究马克思主义。朱克靖怀着追求真理救国救民的热望和理想，积极热情地参加进步社团组织的活动，如饥似渴地汲取马克思主义思想学说。

五四运动前后，蔡元培等中国教育界的有识之士发起了留法勤工俭学运动。他们组织中国青年到法国学习，以便引进欧洲先进的科学技术和文化知识。

1919 年 10 月 31 日，朱克靖和李富春等 100 多人乘宝勒加号轮船启程，于 12 月 17 日抵达法国马赛。

第一次世界大战后的法国，深陷经济萧条，无法安排很多中国学生进厂做工，使他们陷入了欲工不得、欲学不能的困境。此时的朱克靖生活拮据，时常要为吃饭、做工、读书发愁。

此后，由于参加了学生争取民主权益等抗议活动，朱克靖被迫回国。他回到北京以后，为了谋生，还曾做过短期的邮差工作。

朱克靖一面做工，一面回到北京大学继续学业。他听演讲，参加学术讨论，经常与李大钊等共产主义先行者接触，积极参加各种进步活动。

从 1920 年秋开始，李大钊、陈独秀等人酝酿建立中国共产党组织。1921 年 7 月，中国共产党正式成立，第一批中国共产党党员有李大钊、张国焘等。1922 年，朱克靖成为第二批中国共产党党员。朱克靖作为一个共产主义革命者，一名中国共产党党员，走上了为中国人民谋求自由解放的道路。

留学莫斯科　革命始萌芽

当时，俄国十月革命刚刚成功，莫斯科成为国际共产主义运动中心，共产国际就设在莫斯科。"到莫斯科去！"是那时中国共产党人和革命青年的向往。

1923 年起，中国共产党为了加速培养干部，迎接中国革命高潮的到来，有计划地从国内和旅欧支部选送一批文化水平较高、有培养前途的青年，去莫斯科东方劳动者共产主义大学（以下简称东方大学）学习深造。1923 年春天，李大钊主持工作的中共北京区委，选派正在北大读书的朱克靖、王荷波等人，赴东方大学学习。

5 月，他们从北京乘火车出发，到达满洲里。

他们住在一家小旅店里，不能出去活动。因为满洲里不仅有中国军阀政府的密探活动，还有日本特务，盘查非常严。只要被他们怀疑，就要抓起来关押。他们 7 个人化装成去西伯利亚伐木的工人，雇了一辆马车，天没亮时越过国境进入苏联。到苏联境内后，他们晓行夜宿，一路住在农民家里，走了几天，到了赤塔。其后，经苏联远东州党组织的介绍，换乘火车西行去莫斯科。

经过将近两个星期的火车生活，1923 年冬天的一个早晨，朱克靖等人终于抵达莫斯科。他们从火车站出来，乘上已经准备好了的一辆大卡车，一直向东方大学驶去。

1924 年秋，中共旅欧支部又选派了李富春、蔡畅、叶挺、聂荣臻等 20 多人，从法国巴黎出发，到了东方大学。

朱克靖和李富春、蔡畅等同学好友重逢，分外高兴。

所有在东方大学学习的中国学员，都由中共旅莫（斯科）支部统一领导。学员中的党员参加中共旅莫支部的组织生活。为了学习管理方便，中国班学生分编为16个组，朱克靖担任其中一个组的组长。

东方大学课程主要有：俄国十月革命史、俄共党史、国际工人运动史、政治经济学和哲学等马克思主义基本理论，同时教授俄文。除上课外，学生们经常开展讨论和批评与自我批评，批判小资产阶级思想。东方大学的中国学员学习特别刻苦，除学习学校的课程之外，还举办了各种研究会和讨论会。

朱克靖在东方大学学习期间，首先遇到的难关是语言不通，文字不懂。他以法文为拐杖，刻苦学习俄文，半年内就把一本《法俄字典》翻了几遍，还经常找人对话，练习发音，终于掌握了俄语，并能阅读俄文版的书籍。在之后一年多的时间里，朱克靖不仅学完了规定的课程，还潜心研读马克思、恩格斯和列宁的一些著作，较系统地掌握了马克思主义基本原理，思想理论水平得到了较大的提高，为回国从事革命活动奠定了坚实的理论基础。

在东方大学学习期间，朱克靖还有幸和老师

李大钊度过了一段难忘的日子。李大钊是 1924 年春从北京到莫斯科去参加共产国际第五次代表大会的，大会从 6 月末开到 7 月初。会后李大钊逗留莫斯科一段时间，以便阅读和研究。朱克靖在异国他乡见到老师李大钊，又住在同一栋宿舍楼，接触机会就多了。

在这段日子里，每到星期日，朱克靖和中共旅莫支部负责人王若飞、刘伯坚、陈乔年等，就经常在李大钊的房间里聚餐，进行思想交流。

到 1925 年年初，由于国内革命工作需要，中共中央打电报催李大钊早日回国。朱克靖便恋恋不舍地和老师李大钊话别。李大钊在欢送晚会上致辞：“我要回到战场上去，你们刻苦学习，就是为了以后回到国内战场去战斗。”

按照东方大学的规定，学员组长要填写每周报告表，记载组内主要活动。俄罗斯国家档案馆保存有朱克靖作为学员组长亲笔填写的部分每周报告表。从周记中，可以看出朱克靖的学习生活是严肃紧张的。

6 月初东方大学就开始放暑假，假期有两个半月之久。中国等国家的学生被送到离莫斯科约 70 公里的火车站旁的森林别墅区夏令营度假，同时进行军事训练。

五卅运动前后，中国学员从《真理报》上得知资本家和巡捕枪杀工人领袖顾正红和游行学生的消息，都非常愤怒，情绪激昂。他们举行临时大会，有人提议立即回国参加反帝国主义的斗争，有人主张加紧学习准备提早回国工作。

中共旅莫支部的负责人接到电报后，立即开始做各种准备。6 月，共产国际东方部通知朱克靖、李富春、叶挺、聂荣臻、熊雄、颜昌颐等 10 多人回国工作。

02 参加北伐，融入革命洪流

改造旧军队　南征显豪情

1925 年，中国国内革命形势迅猛发展，反对帝国主义、反对封建军阀的国民大革命浪潮，日益高涨，席卷全国。为了实现国共合作领导国民大革命，急需大批干部，中国共产党决定从欧洲抽调干部回国，参加国民革命的领导工作。

1925 年 7 月初，朱克靖等人到达上海（当时中共中央所在地）报到，中共中央总书记兼组织部主任陈独秀介绍了国内情况，并将朱克靖、李富春、叶挺、聂荣臻、熊雄等分配到广东工作。他们旋即由上海乘船到广州黄埔。

朱克靖到广州后，找到设在文明路 75 号的中共广东区委。当时广东区委书记陈延年，以及 1925 年冬天担任组织部部长的穆青，都是他在东方大学读书时的同学。陈延年还向大家介绍了广州的革命形势。

1925 年 7 月 1 日，广州国民政府成立，由汪精卫任主席。国民政府为了尽快以武力统一中国，决定统一军队编制，建立军事委员会，将所辖的黄埔军校教导团及粤、湘、滇、桂、赣等地方部队，统一改编为国民革命军，分为 6 个军。其中第 1 军由黄埔军校党军扩编而成，蒋介石任军长；第 2 军由湘军改编，谭延闿任军长；第 3 军由滇军改编，朱培德任军长。

国民革命军聘请苏联军事顾问，按照苏联红军的体制编制，实行特别党部制度、党代表制度、政治部制度和连坐法，把军队置于党的监督之下。任何命令必须有党代表副署才能生效，党代表有权决定是否按连坐法处置官兵。按照共产国际关于国共合作的决议和中共中央的解释，共产党人可以在国民革命军中任党代表。中共中央和广东区委决定：任命朱克靖为第 3 军政治部主任。

国民革命军第 3 军是由原李烈钧驻粤滇军旧部改编的，1925 年 8 月，朱培德出任第 3 军军长。朱克靖按照中共中央的分配，于 8 月 26 日就任国民革命军第 3 军党代表兼政治部主任，跨党进行革命工作，投身于轰轰烈烈的大革命洪流。他听取了周恩来、陈延年对第 3 军的详细介绍，带领一批年轻的共产党员到第 3 军，开始艰难的改造工作：由于第 3 军是由滇军改编的，地方性极强，长期历史形成的军阀习气浓厚，部队基础很差，官兵成分复杂，内部腐败，战斗力不强，是有名的杂牌军。

最头疼的是，这支部队内盛行军阀的黑暗专制管理办法，不论在什么场合，下级官兵都要绝对服从上级。军官的尊严和纪律靠军棍来维持，团、营、连部都摆着两根军棍，士兵经常遭到军棍毒打，军官殴打士兵成瘾，克扣兵饷成性。他们大言不惭地宣称士兵也要头脑简单，认为军人一谈政治，军队就不好带，就不能打仗。许多官兵不知道国家，也不知道老百姓。云南的军阀从来就有贩卖鸦片的恶习，部队所到之处，不论驻扎时间长短，都要与烟馆或烟商勾结。改编为国民革命军以后，老习惯还是没有改变，官兵吸食鸦片成风，赌博要钱成习，第 3 军被人们戏称为鸦片烟枪和步枪组合的“双枪”部队。

改造第 3 军这样一支旧军队，是一项艰巨的任务。

朱克靖参照苏联红军政治工作的经验，并按照国共两党的协定和国民政府颁布的条例，首先建立各级党代表及各级政治工作机构，在军、师两级设置政治部，把新来的一批共产党员委派到各团、营任政治指导员。接着，他又倡议开办第 3 军军官学校，向中、下级军官灌输革命思想。军官学校设在大沙头，由朱培德兼校长，朱克靖兼党代表，熊式辉任教育长。朱克靖亲自给官兵上课，教唱《国际歌》，讲授《国民革命和反对帝国主义》等课程，激励部队的爱国热情。经过短期政治教育，提倡官兵平等，废除打骂制度，逐渐扭转了部队的封建陋习，启迪了军官的民主作风。军政治部成立了一个政治训练班，培训后任连政治指导员，还吸收了一批青年组成随军宣传队。同时，定期对官兵进行政治教育。政治教育以建立革命军队为要求，以打倒帝国主义、打倒封建军阀、维护联俄联共扶助农工三大政策为内容。连长、排长定期上政治课，士兵每周每团集合一次，每营则在每晚点名时集合一次，进行政治训话，借以提高官兵的革命觉悟。在开展政治训话后，进赌馆、烟馆的风气逐渐减少甚至绝迹，比过去使用武装巡察队的效果强得多。以往明目张胆殴打士兵者，也开始有所顾忌。团长、营长们也不好意思睡到中午还不起床。课堂、操场、外训地点都出现了新气象，大家都感觉到旧滇军的暮气已在减退中，维持军队风纪也比较容易了。

朱克靖把实行经济民主、改善士兵待遇，列为政治工作的一部分。针对旧军队中普遍存在克扣兵饷的问题，军政治部宣布不准扣兵饷，不准喝兵血，不准吃空饷。多数的营、连司务长办理伙食，卫生队进行诊疗，都受到检查、劝告、督促，而有所改进。多数士兵和少数连、排长，的确是有新的感觉，他们过去只是要绝对服从军官，而自己必须忍受黑暗专制，现在他们能够听到什么是国家大事，军队和国家大事有关系、有责任。

朱克靖等共产党政治工作者，任劳任怨，经过多少曲折艰难，从争取点滴的机会入手，事事处处以身作则，把苏联红军的优良作风带到这个部队，有效地促进了第 3 军的改造，增强了部队的纪律性，提高了部队的战斗力，使第 3 军展现出新面貌。政治工作者经常与地方各界民众打交道，也受到了各界的尊重。

广东革命根据地的形成和发展，引起了帝国主义和国内反动派的警惕，他们勾结起来进行各种阴谋破坏活动，企图推翻革命政权。孙中山逝世后，国民党左派领袖、黄埔军校党代表廖仲恺，坚持孙中山的三大政策，支持工农运动，成为反动派的眼中钉，1925 年 8 月 20 日，廖仲恺在中国国民党中央党部门前被暴徒刺杀。9 月下旬，盘踞东江的陈炯明叛军勾结广东南部的地方军阀势力，进犯广州。国民政府决定以朱培德的第 3 军为总预备队，负责拱卫广州。

周恩来、朱克靖等共产党人对反动派刺杀廖仲恺的罪恶行径非常愤怒。周恩来对东征部队做了政治动员，朱克靖在第3军做动员工作。国民革命军广大官兵群情激愤，要为廖仲恺报仇。由于有共产党人主持的强有力的政治工作，国民革命军得到广大人民群众的拥护，所向无敌，击溃陈炯明的叛军，收复惠州、东江，使广东革命政权转危为安，得到稳定。

正当国民革命军主力进行惠州战斗时，蛰居海南的反动军阀邓本殷部进犯西江，直逼广州。1925年10月，广州国民政府急调第4军代理军长陈铭枢的第10师率先拒敌。为此，还增派总预备队第3军及第2军一个师，大举南征。国民政府任命第3军军长朱培德为南征总指挥，朱克靖为总指挥部政治部主任。

出师南征是第3军经过改造后的首次作战，是对朱克靖领导的政治工作的重大考验。

第3军首先赶到鹤山，进驻开平，与各路国民革命军会合。南征路上，由于邓本殷部的残害，沿途荒无人烟，满目凄凉。南路各界一致要求国民政府肃清祸国殃民的内奸和军阀邓本殷部。朱克靖和苏联顾问马采伊利克密切配合，一面协助朱培德指挥部队进剿，一面开展政治宣传。军队所到之城镇，朱克靖首先带领政治工作人员召开群众大会，发表演说，宣传国共合作的共同纲领，号召工农团结起来，同仇敌忾，打倒帝国主义及其走狗，谋求中华民族的独立和解放。在政治工作人员和当地中共党组织发动工农群众之前，第3军官兵已士气倍增，因此在工农群众协助下，10月29日首战告捷，击败邓本殷部北犯的主力；随后南征军一路势如破竹，收复阳江、阳春，11月8日在阳江城召开军民联欢会，9日又召开各界欢迎国民革命军大会。到年底先后收复了高州、雷州，把邓本殷部赶回了海南老巢。

南征使第3军全体官兵认识到新型政治工作的重要性。现在每到一地，政工人员就开展生动活泼的宣传工作。这些宣传工作取得了显著成效，“使人民感知革命军为拥护人民利益之军队”。国民军剿匪时农民“卒能持锄荷挺来助本军剿匪，并告匪踪，故能于最短期间，肃清该处盗匪”。第3军南征不仅得到群众拥护和支持，还打了胜仗。官兵对政治工作，对党代表兼政治部主任朱克靖也更加钦佩。

广州国民政府成立初期，只统辖广东一省。1925年7月3日成立了广东省政府。10月，国民党广东省代表大会在广州召开，改组了广东省党部。11月11日，广东省党部任命南征军总政治部主任朱克靖为南路党务组织主任，辅助省党部指导发展各属党务工作。11月22日，国民党南路特别委员会成立。随着南征进军收复南路各地，南路特委加快整顿党务，筹建和改组南路各县市的国民党党部的工作。到1926年年底，海口市和12个县相继成立了党部，党员数量激增。各地国民党的党务工作主要是由共产党员来做的，这些共产党员同时在党务工作中担任主要领导职务。各市、县党部各区分部的领导人职务，大部分也是由共产党员和左派人士担任。党部主任和特别委员负责领导建立辖区地方各县的国民党组织，有计划地发展党员，团结和吸收了大批革命分子和进步人士。同时监督各级政府贯彻执行施政方针，使军队负责保护人民，绥靖地方，肃清匪患，消除苛捐杂税，整顿吏治，铲除苛政，扶植地方自治，树立民权基础，发展工商业，保护农工利益。

由于有周恩来、朱克靖等共产党人主持一方党务，广东各地呈现了大好的革命局面。在省党部的直接领导、监督和国民党左派、共产党人的影响、推动下，随着军事上的胜利，广东省政府在吏治、行政、财政、治安、实业等方面都进行了整顿和改革，取得一定成效。

1926 年 1 月 1 日至 19 日，国民党在广州召开第二次全国代表大会，朱克靖和朱培德、王均等作为第 3 军的代表出席。

国民党中央对共产党人在国民革命军中任职也予以确认。2 月 1 日，在国民党中央执行委员会会议上，请周恩来同志为第 1 军副党代表、李富春同志为第 2 军副党代表、朱克靖同志为第 3 军副党代表。

南征胜利结束后，第 3 军移师粤北韶关驻防，担负保境安民继续肃清残匪的任务。

第8师剿匪归来后，有政工人员向朱克靖报告团党代表许鸿领“夹薪”（双薪）的问题。朱克靖作为军党代表兼政治部主任，对同属共产党的下级党代表必然严格要求，以贪污罪将许鸿交军法处监禁并报中央，中央决定开除许鸿的国、共两党党籍。

广东统一后，革命阵营内部左派与右派的斗争，一直在曲折地进行着。各个军事势力集团之间的斗争，也在不断地滋长。当时以共产党和国民党左派为中心的力量，得到苏联的援助和苏联顾问团的支持，但以黄埔军校校长起家的蒋介石，借助黄埔军校的力量，利用东征、南征的胜利果实，从而形成了他的个人势力。随着权力的扩张，蒋介石个人独裁野心也日益暴露。

1926年3月20日，蒋介石制造了中山舰事件。蒋介石迫使国民党政治委员会作出决定，要求部分苏联顾问回国，要党代表周恩来等100多名共产党人撤出“党军”第一军。

第3军军官学校教育长熊式辉，与国民党右派有密切勾结，以为时机已到，也指挥一部分人把设在大沙头的第 3 军政治部包围起来，严密监视所有政治工作人员的行动。当时朱克靖正陪同军长朱培德和苏联顾问马采伊利克在英德前线视察部队。广州变乱的消息传到前线，面对国民党右派兴风作浪掀起的反共逆流，朱克靖极为愤怒，要求军长朱培德处分熊式辉。朱培德囿于私交一再为熊式辉开脱，但朱克靖据理力争，毫不妥协，迫使朱培德下令撤销熊式辉的教育长职务，并对政治工作人员进行了慰问。

蒋介石势力的扩张和独裁倾向，加剧了他与地方实力派的矛盾。朱克靖深知朱培德平日对蒋介石独揽大权不满，经与周恩来、陈延年研究，决定利用矛盾，广泛开展上层统一战线工作。在朱克靖领导下，第 3 军政治部声望日益提高，在重大问题上积极表态。1926 年 3 月，第 3 军政治部发出援助省港罢工通电；政治部还印制《国际歌》歌片，在官兵中传唱。原来腐败的第 3 军，现在像一支国民革命军的部队了。

别妻兴北伐　过家门不入

朱克靖在莫斯科东方大学的同学萧复之，对朱克靖的学识人品很是敬重。他得知朱克靖尚未成家，就把自己的妹妹萧仲之介绍给朱克靖。1926 年 5 月，经过萧复之的撮合，萧仲之在广州与朱克靖成婚。新婚不久，朱克靖便告别妻子，踏上了北伐战争的征途。

1926 年 6 月 21 日至 24 日，国民革命军总政治部召开战时政治工作会议，“决定战时政治工作之方针，及准备北伐应做的一切事项”。周恩来是黄埔军校政治部创始人，在北伐出发前，总政治部邀请他指示军队政治工作。会议期间，推举李富春、恽代英、林祖涵制定《革命军宣传队组织条例》；推举朱克靖为第一编制委员会主席委员，负责审查军队政治部编制；推举周恩来为第二编制委员会主席委员，负责审查军事机关政治编制。

7月1日，北伐军总司令部制定了作战方略。国民政府发表《北伐宣言》。中共中央也先后发表对时局的主张和支持北伐的宣言，强调维护国民的联合阵线，推翻军阀政权，建立人民政府。

7月9日，国民革命军在广州举行北伐誓师大会。朱克靖被军民的革命热情感染，向第3军官兵宣讲北伐的意义，鼓舞官兵为国民革命成功、为人民自由解放而战。

7月11日，第3军5个步兵团从驻地出发，尾随第4军向湖南进军。

因为第3军是旧军阀部队改造的，朱克靖很注意行军纪律，保护农工群众的利益。他以军政治部的名义发布通告，要求全军将士不拉夫，不赶牲口，买东西要照价付钱。行军中打前站的，不是武装士兵，不是副官，而是政治部的宣传队员。朱克靖组织政治部的工作人员赶在部队之前行动，张贴“打倒帝国主义列强”“打倒封建军阀”“打倒贪官污吏、土豪劣绅”等标语，还召开群众大会，协助组织工会、农会，发动群众支援北伐战争。因此，第3军每到一处，纪律严明，秋毫无犯，群众敲锣打鼓、端茶送水，夹道欢迎。当时湖南的农会正在蓬勃发展，各地兵站完全凭借农会力量，发挥了对北伐军的支持和鼓励作用。每到一站，早都做好安排。轻重行李，要驮有马，要挑有人，逐站更番接送，有条不紊。宿营地不论使用公所还是民房，天天有人打扫，处处收拾清洁。粮秣柴草，随到随领，毫不掣肘。经过城镇，群众夹道欢迎，鞭炮喧天。沿途田野里照旧耕作，道路上行人如常，一扫过去兵荒马乱的气氛。

北伐军到达醴陵等地后，第 2、第 3 军进驻攸县、醴陵地区。这里距离朱克靖老家朱家老屋，已经只有十几里之遥，朱克靖也很想念家人。但军务在身，朱克靖也顾不得回家去探视。

北伐军进入湖南时，盘踞东南号称五省联军司令的军阀孙传芳，见广东后方空虚，企图收渔人之利，以 5 个师的兵力向江西、广东方向进犯。国民革命军不得不采取兵分两路的部署。

朱克靖所在的国民革命军第 3 军，是东路军的左翼。9 月 5 日，北伐军第 2 军和第 3 军由湖南醴陵、茶陵出发，进入江西后向南昌攻击前进，走了六七天到达新喻，与孙传芳主力之一的邓如琢军接触。邓如琢当时任江西督办，是孙传芳的一员勇将。新喻由邓如琢的精锐部队第 7 旅据守，仰天岗是新喻的屏障，激战就在仰天岗展开。守敌居高临下，占尽优势。第 3 军 19 团、25 团苦战两天，伤亡很大而无任何进展。至第三天，朱培德亲临前线指挥，朱克靖组织政工人员鼓舞士气，21 团肖希贤营以夜袭的方式一举夺取仰天岗，其他各部密切合作，迫使守敌放弃新喻，退守同昌。在仰天岗战斗中第 3 军大获全胜。

9 月 6 日，第 3 军和第 2 军第 6 师参加萍乡之战。萍乡有孙传芳军唐福山、张凤岐部共六七千人。北伐军声势逼人、锐不可当，敌人胆战心虚，稍有接触即相率而逃，因此，北伐军顺利进占萍乡。

北伐军占领萍乡之后，9 月 7 日占领安源，12 日占领宜春。第 3 军向高安前进，于 18 日攻克高安。

在向江西进军的过程中，朱克靖与士兵同甘共苦，带领政治部的宣传员打前站，宣传北伐军宗旨和军队的革命纪律，严正声明：“不勒索给养，不拉夫派役，不强占民房，买东西照价付款。”第3军纪律严明，官兵政治目标明确，所到之处，锣鼓喧天，群众夹道欢迎。攻克萍乡前后，革命大军所到之处，群众相望于道。麻布岭等地更鸣放鞭炮欢迎，沿途群众设有茶水站，馈送饭菜、鸡蛋。当麻布岭之敌未退时，群众蹲在近山侧，主动愿为革命军带路。萍乡之敌未退走，群众将截获的步枪若干支、子弹百余箱呈缴第3军军部。第3军攻克宜春时，同样得到宜春百姓的支持，百姓为了帮助北伐军，乡间则备土枪、土炮助威，或截击逃敌；城市则协力捕获逃俘，缴取枪械。百姓的支持极大地鼓舞了广大官兵的革命热情。

朱克靖身为党代表、政治部主任，没有官架子，平易近人，士兵都很爱戴他。当时军部长官，按规定都配给一乘四人大轿。朱克靖读书多年，眼睛近视，戴着一副眼镜，行军很不方便，但他坚持不坐轿，推辞说：“现在是民主革命时期，讲究平等，我为什么要别人抬着走呢？”他用自己的行动鼓舞士气，也影响了一些军官主动与士兵接近。在

整个行军和作战过程中，朱克靖带领政治工作人员，活跃在战壕里、火线上，不论白天黑夜，都能看到他们的身影。他们是最起作用的宣传鼓动员，是军队与各地民众之间的桥梁纽带，是士兵生活、医疗的维护者，是军队纪律的纠察员。

北伐军进入江西仅半月，第2、第3军连克赣北10余县，乘胜向南昌进逼。蒋介石在江西战场指挥上有错误，没有集中兵力消灭孙传芳的主力，把占领南昌作为主要目标。两次进攻南昌失败，北伐军心浮气躁。加上守军又派敢死队偷袭北伐军，造成北伐军阵脚大乱。蒋介石只得急令撤退。

第3军在撤退时，有些旧军官以为是溃败，竟临阵脱逃，引起了部队极大混乱。朱培德见状不妙，赶紧前往弹压，也收不住阵脚。危急之中，朱克靖率领一批政治工作人员赶到了，他们出现在前沿阵地上，一面组织后续部队抵挡敌军的反攻，一面整理撤下来的部队继续投入战斗，避免了不堪设想的损失。

事后，朱培德感激地对朱克靖说："别看我手下这些军官都已身经百战了，可是真刀真枪拼起来，倒不如你带领的那班青年学生。”

10 月 18 日，北伐军进攻抚州。朱克靖知道属下傅烈是江西临川人，对抚州地区很熟悉，就派他随先头部队挺进。在北伐军进攻抚州城时，傅烈聚集近郊学生和农民，找来 100 多架梯子，组织登城强攻。在广大革命群众配合下，北伐军攻克抚州，毙敌数百，俘团长一人。傅烈臂部受伤，仍坚持随军前往。

随后，北伐军攻克九江等地，郭沫若、朱克靖、李富春、林祖涵等随军进入九江，建立了国民党九江市党部和地方政权。

经过仰天岗战役、万寿宫战役和两次牛行车站战役，第 3 军终于占领了南昌。入城部队在市街行进时，每个团的排尾可以看见排头，由此可见伤亡的惨重。即使最顽固的军官，也不得不承认，胜利的取得全凭高昂的士气。朱克靖领导的政治工作人员，将近一年的政治宣传教育，已经打下底子。行军时沿途群众的热情支援，是那么激动军心。战斗行动开始后，战地民众更是冒着生命危险，给予军事活动巨大支援。

为了补充兵源，朱克靖领导政治部，取得湖南省农会和安源矿务局的协助。朱克靖的同乡、东方大学的同学刘昌炎，任中共安源支部书记，热情支持朱克靖的工作，组织工人支援北伐军，第3军在萍乡招募新兵4000多人。归第3军收容的俘虏几千人和赣南的敌军残部，来到南昌接受改编，后方的伤兵也陆续重返前线，连在湘西苟延残喘的金汉鼎，也带着残兵败将投奔而来。

朱克靖主持第3军政治工作以来，经历了在广东的整训时期、湖南的行军时期、江西的作战时期，这对朱培德来说，都是十分满意的。朱培德很清楚，政治工作替他巩固了军队组织，鼓舞了士气，解决了他所不能解决的民众助力，取得了战争的胜利，而且替他撑住了“革命”门面。朱培德还是很看重政治工作，经常和朱克靖商量如何开展这项工作。朱克靖把3个师的政治部都健全起来，把广州的政治训练班学员调来，担任团、营、连的政治指导员。

朱培德看到这一切，也不禁喜形于色，称赞朱克靖说：“还是你们共产党有办法。”

革命立中坚　风雨多转战

北伐军占领南昌后，国民政府在南昌成立了江西省临时政治委员会，朱克靖为委员。

国民革命的中心是农民问题。1926 年 11 月下旬，毛泽东去武汉途经南昌，与林祖涵、李富春、朱克靖商谈在武汉开办农民运动讲习所。林祖涵、李富春、朱克靖促使江西省临时政治委员会作出决议，选派 150 名学员进入农民运动讲习所。在林祖涵、李富春、朱克靖等人的积极努力下，江西省政务委员会和财务委员会决定，每年拨 10 万多元作为省农协的经费。

1926 年 11 月 22 日至 12 月 16 日，共产国际执委会第七次扩大全会在莫斯科召开，会议把中国问题列为中心议题之一。朱克靖正在南昌前线督师，没有与会，但仍被推举为共产国际执行委员会委员。

12月4日至7日，国民党在庐山召开中央政治会议。第3军党代表朱克靖等，参加并列席了会议。12月7日会议结束后，朱克靖对记者说："会议强调农工群众是国民革命的重力军，欲求国民革命成功，必须解决农民生活，应该迅速制定土地总法，减轻农民负担，消除贪官污吏和土豪劣绅，打倒反革命派的敌对势力。"会议号召革命的群众准备与一切残余的反革命势力作最后之决战。

郭沫若和李富春、朱克靖、林祖涵等开会商量，决定办一张报纸，名为《贯彻日报》，于1926年12月20日创刊，宗旨是唤起民众，组织民众，团结工农商学兵力量，坚持革命的三民主义和联俄、联共、扶助农工的三大革命政策，以求贯彻到底。

中共中央为了加强对南昌军队的工作，成立了南昌军委，李富春为书记，成员有朱克靖等。朱克靖还参加了中共南昌临时工作委员会的工作。朱克靖跨党从事革命工作，身兼国民革命军和国民党、共产党内多项要职，革命热情很高，工作也很积极，成为著名的共产党人和大革命时期的风云人物。

在革命与反革命分野之时，朱克靖一再向朱培德提出劝告，希望他要有明确的政治态度，保持第3军在北伐战争中的光荣，站到革命的武汉政府一边。而朱培德的答复总是圆滑得摸不到边际，模棱两可，采取骑墙的态度。

1927年3月的一个夜晚，朱克靖等几个政治部负责人和第3军参谋长黄实谈论当时形势，朱克靖指出："自汉口岸租界收回后，群众运动日益高涨，革命空气非常浓厚，武汉政府的政治影响在国内外都更加扩大了。只有顺应潮流，向着反帝反封建的目标前进，革命才能成功。而蒋介石的阴谋诡计，正是要破坏革命。现在是一个关键时刻，希望第3军要鲜明地站出来拥护武汉政府，不要再沉默迟疑了。"

朱克靖也到武汉，向国民党中央汇报了南昌的情况。那时武汉国民党中央执行委员会中，吴玉章、林祖涵等共产党人和国民党左派占优势。

3月10日，武汉国民党召开中央执行委员会第二届常委会扩大会议，在吴玉章主持下，决定撤销蒋介石的中央常务委员会主席职务，重新规定总司令的职权，专门作出了关于江西事件的决议：停止江西省党部执监委职权，听候查办；恢复南昌市党部。江西的革命派扬眉吐气，人民群众又昂起头来，工农运动势如大潮，江西重新出现了大好的革命形势。

在国民党中央改组江西省党部的同时，武汉国民政府也宣布免除李烈钧的省长职务，改组省政府。任命朱培德为省政府主席，朱克靖为江西省政府委员。随后，朱克靖任第 3 军政治部主任兼省府秘书长，这是由朱培德推荐、省府委员会一致通过的。朱克靖利用自己的地位和工作便利，安排共产党人到重要岗位上，以推动革命形势的发展。

新改组的江西省政府，自然百事待兴。朱克靖作为省府秘书长，工作更多更忙了。省主席朱培德兼任民政厅长。在朱培德赴汉口期间，一般事务由秘书长朱克靖代理省主席处理，重大事件报告省务会议公决施行。

朱克靖在省政府秘书长工作中注意团结和发展进步力量。省府委员李尚庸对朱德景仰已久，朱克靖和省委委员姜济寰（共产党员）即介绍李尚庸与朱德相识。在省政府会议上，李尚庸力排众议，坚持提名朱德任南昌市公安局局长，朱克靖、姜济寰等人从旁附和，朱培德无奈只好同意对朱德的任命。这样，南昌市公安局局长这一关键职位和2000多名警员武装，就牢牢掌握在共产党人的手中。朱德接任公安局局长时，公安局在总局大礼堂召开就职典礼。

朱克靖对党内同志尽力推荐，却没有保荐自己的亲属做官。朱克靖有两个哥哥在家乡务农，听闻朱克靖做了大官，赶来南昌想谋个差事，都被朱克靖打发回去了。

朱克靖对他们说："我们共产党不是要当官，是要革命。你们也不要想当官搞钱，回家老老实实做人，凭劳动吃饭。"

正当国共合作进行的北伐战争节节胜利、农民革命运动蓬勃发展的时候，风云突变，革命形势发生了严重的逆转。

4月1日，汪精卫从国外回到上海，先和中共中央总书记陈独秀发表联合声明，强调国共合作，又和蒋介石签署"停止共党活动"的决议。

蒋介石唯恐国共合作危及他的专制独裁计划，

加快反革命的步伐。4月12日，蒋介石在上海解除工农武装，封闭上海总政治部办事处，捕杀政治工作人员，以“清党”为名大肆屠杀共产党人和工农革命群众，陈延年、赵世炎等著名共产党人被杀害。

朱克靖感到形势严峻，第3军从事政治工作的共产党员们面临危险，就设法通知同志们提高警惕。这时，中共中央也通知各军代表先行撤离。事不宜迟，朱克靖派人通知妻子萧仲之说：“朱主任不舒服，住在医院里，请你拿几件衣服送到医院去。”萧仲之急忙拿了几件衣服赶到医院，只见朱克靖鞋也不脱，盖着被子躺在床上。萧仲之把衣服放好，朱克靖又要她回家再去拿东西。等萧仲之再赶到医院，朱克靖人已不在。

朱克靖秘密撤离南昌后，经铜鼓进入湖南。路上，朱克靖装扮成做生意的，回到醴陵东乡温泉村的姐姐家。朱克靖急于回武汉向中央汇报情况，又化装成炭客子，从东乡乘炭船出湘江走水路去武汉。经过长沙时，湘江两岸有许多荷枪实弹的军警检查。朱克靖乘坐的船没敢停靠，鼓起风帆，顺流而下，闯过了检查关，引起后面阵阵枪声。

03 首义南昌，参建革命军队

起义留威名　清贫守初心

四一二反革命政变发生后，以陈独秀为代表的右倾机会主义错误进一步发展。周恩来看透了蒋介石的反动本质，多次向中共中央建议，趁蒋介石建立的南京反动政权尚未巩固之时，加紧组织武装力量，下决心讨伐蒋介石，迅速出师，直指南京。

中共中央、周恩来考虑到朱德和朱克靖都在南昌第 3 军，有一定的影响和力量，就把一些从事军事工作的共产党员集中于南昌、九江一带。

朱德此时任第3军教导团团长并兼南昌市公安局局长，军政治部主任是朱克靖，在这方面，共产党有着潜在力量。共产党领导下的数千万有战斗经验的农民，分布在江西、湖南、广东等地，江西、湖南、广东虽然已在白色恐怖笼罩之下，但只要有革命势力可依靠，那些广大的有战斗经验的农民，是不会向白色恐怖低头的。在江西建立革命根据地，对于发动组织领导赣、湘、粤的农民运动，较为有利。江西为鱼米之乡，与南京、武汉呈鼎立之势，进可以战，退可以守，也比较容易与大城市的工人革命组织取得联系，这就是当时决定在南昌起义的主要原因。

中共临时中央常委会会议初步决定，在“东征讨蒋”口号下聚集在南昌、九江一带贺龙领导的国民革命军第20军，以叶挺率领的第11军第24师和朱德领导的第3军教导团为基础，在南昌举行武装起义。

为了准备南昌起义，中共中央派遣熟悉南昌情况的朱德和朱克靖先后秘密潜回南昌，策动第3军旧部参加起义。朱克靖到南昌后，和朱德商量如

何发动第 3 军教导团等部配合起义。

1927年8月1日凌晨2时，在周恩来、贺龙、叶挺、朱德、刘伯承等人指挥下，国民革命军第 11 军第 24 师、第 4 军第 25 师和第 20 军所部 2 万余人，举行了震撼全国的南昌起义。第 3 军教导团的 1000 名官兵，也在朱德和朱克靖的率领下汇入起义的洪流，里应外合，攻下了南昌市公安局。经过 4 个多小时的激战，黎明时分战斗结束，起义军胜利占领了南昌城。

起义军占领南昌后，根据中共中央关于起义军南下广东的决定，8 月 3 日起陆续撤离南昌，踏上南下征途，向潮州、梅州前进。由于改编后的起义军第 9 军只保留了原国民革命军第 3 军的少量部队，第 9 军党代表朱克靖便与周恩来、郭沫若等随起义军指挥部行动。

8 月 6 日至 8 日，叶挺、贺龙所部陆续抵达临川。起义部队从南昌出发后，因未及整顿，沿途百姓受反动派恶意宣传的欺骗，均闭户远逸，致使部队饮食不继，士兵们在炎热天气中超负荷山地行军，病死和逃亡者很多，行军 3 日，部队实力损失已达1/3。前委决定到瑞金后改道长汀、上杭南下，同时决定正式组建第9军和第20军第3师。后由周恩来和彭湃率领起义军一个团进驻上杭，起义军进占三河坝。起义军在这里实行分兵，由朱德率第11军第25师等部留守三河坝，由周恩来、贺龙、叶挺、刘伯承等率主力部队进军潮汕。起义军顺利攻占潮州、汕头。

10月3日，起义军指挥部中共前委机关和从前线撤退下来的起义军部队，在普宁县（今普宁市）的流沙会合，分别向海口撤退，再分头赴香港或上海。会议进行中，发现村外山头上有敌人，于是匆忙结束会议。起义军余部由流沙向海陆丰前进，进入乌石地区时遭敌军重兵截击，大部队被敌人冲散了。朱克靖等人一路跟随叶挺的部队，最终也被打散了。

朱克靖与部队失散后，只身潜入广州，他希望在这里找到中国共产党的组织。然而，广州经过李济深发动四一五反革命政变，大肆屠杀共产党人，往日轰轰烈烈的大革命气象已荡然无存。国民党反动派到处搜捕共产党人，广州陷入一片白色恐怖之中。

大革命时期，朱克靖在广州是风云人物，认识的人较多，他知道自己不能在广州久留。朱克靖便混在人群中，买了一张火车票，沿粤汉线北上。朱克靖先到南昌秘密会见朱培德，他知道依朱培德的为人和他们二人的关系，朱培德不会加害于他。

朱培德劝朱克靖说："现在老蒋得势，识时务者为俊杰，你也归顺老蒋吧，还在我这里任秘书长。"

朱克靖说："我不投降，我会走。"

朱培德说："我不会为难你，你要小心。"

朱克靖赶到武汉，他想先找到妻子再说。当时武汉三镇同样笼罩着恐怖气氛，反动派四处搜捕共产党人。朱克靖化装成卖菜的农夫，他脸色本来就黑，买一顶草帽扣在头上，遮掩面目，挑一担辣椒走街串巷叫卖。

朱克靖妻子萧仲之在武汉和母亲住在一起。萧母年轻时就守寡，带着两个儿子和一个女儿。她有点积蓄，萧仲之就依靠母亲在汉口住了不到一个月。

一天，萧仲之站在窗前，看见街上有一个卖

菜的农民，十分像朱克靖。母亲让她招呼买菜，那人走过来，果然是朱克靖。一家人意外相见，自然欢喜。朱克靖找到萧仲之后，便匆匆忙忙地携带家眷去了北平。

1927年冬天，朱克靖到了北平。他是著名的共产党人，不能公开活动。为躲避反动派的迫害，朱克靖隐姓埋名，化名李有才。朱克靖没有职业、没有薪金收入，一家生计都成了问题。

朱克靖自认定共产主义信仰，加入共产党组织，就矢志不渝。他在北平寻找共产党组织，但大革命失败后，共产党组织已转入地下活动。朱克靖在北平找不到党组织，接不上党的关系，心中焦急万分。他只得一面自食其力，一面寻访共产党组织。好在朱克靖出身农家，是一个很能吃苦的人。他在海淀中关村附近租了一个葡萄园、两间简陋的农舍，一家搬过去。朱克靖自己种葡萄、种菜，自己挑菜到城里卖，以此为生。

朱克靖失去与党组织的联系，却时刻没有放弃一个共产党人的义务和责任，在力所能及的范围内做一些党的工作。他一边种菜谋生，一边在清华、北大的学生中间进行革命宣传活动。朱克靖通过原来在北大的同学、熟人关系，邀集一些青年学生，讨论国内国际时事，向他们宣传革命道理。陋室农舍，有马克思主义革命思想之光，吸引青年学生来找他。朱克靖收入微薄，但凡有同志、同学来了，他就把存钱的竹筒子倒个底儿朝上，倾筒而出，让妻子招待他们。

朱克靖虽能吃苦，但自幼读书，不擅耕作，收成不好；也不会做生意，经常做赔本买卖。无奈家中一贫如洗，这也苦了孩子。他的第一个儿子，就是这时死于贫困之中。

其实，以朱克靖的学识和在国共合作大革命时期的地位及关系，只要他声明脱离共产党，不难在国民党政府或军界得到高官厚禄。但朱克靖宁愿忍受贫困，也不改变自己的信仰。

在海淀有一二年的光景，土地主人发觉朱克靖行为可疑，把葡萄园收了回去。朱克靖四处谋生，有时一个人到天津找些事做，给家里寄点钱回来。

1931 年的一天，朱克靖偶遇小学同学罗征书，交谈中罗征书得知朱克靖的窘迫境况，很是同情。罗征书告诉朱克靖，他现在在广西师范专科学校做庶务，校长是醴陵同乡杨东莼，他建议朱克靖去广西师范专科学校教书。朱克靖和杨东莼是同乡同学，早就认识，欣然同意。

杨东莼得知朱克靖的情况，立即热情电邀朱克靖来广西师范专科学校共同工作。就这样，杨东莼经教育厅厅长李任仁同意，没有向白崇禧报告，请来这位大革命时期著名的共产党人朱克靖，任广西师范专科学校生活指导主任，即教务主任。

朱克靖化名朱笃一，出现在广西师专的讲台上。笃一，恪守共产主义信念矢志不渝、始终如一，这个化名鲜明地表明了朱克靖的心迹。

朱克靖在课堂上讲世界大势，主要讲资本主义发展到帝国主义阶段的种种矛盾，使学生认识到帝国主义的腐朽、没落和无产阶级革命的不可避免。这样有计划地在青年中传播马列主义，进行革命人生观教育，在当时国民党统治区的高等学校中是绝无仅有的。

朱克靖在一次大会报告中说："从前师范学校

的学生，侧重于智力和技术的修养，忽略了科学精神的训练，所以对社会及国家问题不闻不问。可是现在师范学校的责任不单是要培养教育的人才，而且要造就改造社会及民族革命的领导者。”

1932 年年末 1933 年年初，朱克靖作了题为“国际形势的回顾与展望”的演讲，运用马克思主义观点分析国际形势问题，这是一次政治形势的学术报告。广西师专废除考试，没有评分，却经受住了考验。学生学习自觉努力，政治理论认识大有提高，思想进步很快，关心国家大事。在朱克靖的启发引导下，学生对中国社会的性质得出比较正确的认识。

当时学校没有建立共产党组织。1933 年，美术教师官亦民向杨东莼提出要求介绍加入共产党，军事教官杨必声也建议在校内建立共产党组织。杨东莼和朱克靖、薛暮桥商量过，认为在当时环境条件下，以不发展共产党组织为好。虽然没有党组织，但杨东莼、朱克靖、薛暮桥 3 人都做着共产党人应做的事，把中共六大精神贯彻到办学方针中。

有杨东莼、朱克靖、薛暮桥3个著名的共产党人、马克思主义理论家，加上其他进步教师，当时师专办得太“红”了，没有适当教授地方当局规定的教育课程，而是突出社会发展史、辩证唯物论、政治经济学等马克思主义课程，像马克思主义学院，学生自称师专是“小莫斯科”。

当时日本帝国主义占领东北，蒋介石却坚持奉行“攘外必先安内”的政策，朱克靖对蒋介石媚日反共的态度十分愤恨。1933年10月，广西师范专科学校举行建校一周年校庆大会，庆祝会由教务主任朱克靖主持。朱克靖作了一个反蒋抗日言辞激烈的讲话，桂林有些人对他议论纷纷。

1934年4月，白崇禧来桂林，听到有人讲师专“朱笃一”作了个红色报告，询问“朱笃一”的身材相貌，便怀疑是朱克靖。杨东莼和朱克靖感到问题严重，就去见正在桂林家中养病的教育厅厅长李任仁。到了李任仁家，白崇禧也在那里。

朱克靖表示歉意说：“白参谋长，我擅自闯来贵地教书谋生，没有拜会钧座，失礼了。”

白崇禧笑着说：“都是北伐时的熟人，不必

客气。”

朱克靖说：“我是来向李厅长辞职的，这就离开广西。”

1933 年是广西师范专科学校的黄金时期。这一届学生毕业后许多人参加了共产党。朱克靖特别器重的学生刘敦安等人，在毕业后去香港找党组织，在中共南方临时工作委员会成立后正式加入了共产党。后来，刘敦安与南方临时工委与郁江特委取得联系，并在南宁、桂林的几所学校发展了一批党员。

南阳助贫农　南昌办红刊

1934 年，有一段时间朱克靖化名在武汉栖身。朱克靖的堂侄朱之生来武汉找朱克靖，想跟随朱克靖做事。朱克靖自己生活尚无保障，无力帮助亲朋。他要朱之生去西北，先投奔张学良的东北军。

朱之生帮助朱克靖整理书报文件时，发现两张到中央苏区和福建苏区的通行证。其实朱克靖曾想进入苏区寻找党组织，为此准备了两张通行证。

朱克靖的妻舅文群在江西，得知朱克靖的困境，写信邀请朱克靖去他那里。于是，朱克靖取道江西去投奔妻舅文群。

文群是政学系的元老，时任江西省财政厅厅长，兼办豫鄂赣闽四省的农村合作事业，任四省合作社联合会的主任，在江西地区声望很高。得知朱克靖贫困无业，便去信邀朱克靖来江西，帮办农村信贷事宜。

朱克靖觉得办理农村信贷，多少也能为农民解除某些困苦忧愁，便答应下来。于是，他又化名朱笃一，被派往河南省农村合作委员会南阳办事处做特派员。这样，朱克靖和妻子儿女在河南南阳落脚。

虽然朱克靖做了特派员，但不论何时，不论何地，都不忘寻找中国共产党的党组织。朱克靖担心住在专员公署旁边，容易引起别人怀疑。刚好当时他的岳母在庐山避暑，他们一家就到庐山暂住，一直到 7 月底才下山。

朱克靖从报纸上得知红军已放弃南方各革命根据地，开始了战略大转移；后又得知中央红军已经走出草地、经过万里长征，快要到达陕北，他受到莫大的鼓舞。朱克靖虽远离政界多年，仍时时心忧国事。

1936 年 12 月 12 日，张学良、杨虎城两将军在西安发动兵谏，扣押了蒋介石。朱克靖拍手称快，说道：“这个独夫民贼，也有今日！”

不久，国民党当局借故撤销河南省农村合作委员会南阳办事处，朱克靖又面临失业。文群要朱克靖回南昌，到他主办的农村合作出版社，编辑《中国农村合作季刊》。

1937 年下半年朱克靖举家从庐山搬到了南昌。朱克靖到南昌，任农村合作出版社总编辑，编辑出版《中国农村经济研究》《中国农村合作季刊》两种刊物，针对当时农村经济制度的不合理性，刊载了一些文章进行评论。

朱克靖一个人忙不过来，农村经济也不是他的专长，他想起了曾在广西师专共事、从事农村经济研究的好友薛暮桥。朱克靖写信给薛暮桥，请他介绍一位农村经济方面的编辑。结果，薛暮桥居然亲自来了。

8 月 26 日,《中国农村》月刊在南昌改为《中国农村》战时特刊，由薛暮桥主办。农村合作出版社除发行《中国农村合作季刊》外，还为《中国农村》的印刷发行提供方便。

1937 年七七事变爆发，朱克靖完全拥护中共中央的国共合作宣言，心中十分兴奋。他再也不用为了隐蔽自己共产党员的身份而东奔西走，四处漂泊，寄人篱下了。他久被压抑的心情，终于可以长舒一口气了。

当时在南昌的文化人不多，朱克靖、薛暮桥已是南昌有名的人物。朱克靖、薛暮桥知道夏征农是上海的进步作家，夏征农此前虽然和朱克靖、薛暮桥没有见过面，相见之后，不免有相见恨晚之感。

在场的还有江西省乡村抗战宣传巡回工作团（以下简称乡抗团）的负责人邹文宣，乡抗团主要是由北平流亡学生组成的宣传抗日的组织，设在南昌市民众教育馆内。一行人一坐下，邹文宣即提出筹备成立“南昌市文化界救国会”的问题。朱克靖、薛暮桥也正想为抗日救国贡献力量，认为成立“南昌市文化界救国会”很有必要。他们一拍即合。

国民党江西省党部知道此事后，很是恼火。省党部书记长范争波出面，约朱克靖、薛暮桥、夏征农 3 人到国民党省党部谈话。

范争波辩不过朱克靖，只得蛮不讲理滥施权威说:“就是不许成立救国会!”

朱克靖、薛暮桥与夏征农，继续组织抗日救亡座谈会，每两星期开一次会，有五六十人参加，在实际上发挥了文化界救国会南昌分会的作用。

1937 年 11 月，在赣南山区坚持 3 年游击战争的陈毅来到南昌。朱克靖请陈毅介绍一下情况。

陈毅爽朗地说:“一言难尽。在赣南打了 3 年游击，整年整月在山里睡，外面跑。春天雨水多，全身都是泥巴，吃的是野草、杨梅、笋子和蛇，根本不是人过的生活，我能活下来，全靠马克思在天之灵啊。”

朱克靖说："大革命时我们有血的教训，不掌握军队不行。"

陈毅说："对头，南方游击队要统一改编为新四军，由我党领导。你们可以动员从上海撤退到内地的文化人和知识青年，参加新四军。"

陈毅又问："克靖兄有何打算？"

朱克靖说："容我安排一下，不久即可重返战场，请缨杀敌。"

陈毅高兴地说："欢迎你回来！"

1937年12月一个晚上，朱克靖又请陈毅到救国会组织的座谈会作报告，前来听讲的有四五百人。这又触怒了国民党江西省党部。省党部书记长范争波派人传朱克靖和薛暮桥两人到省党部去谈话，怒气冲冲地说："你们两个人，一个是老牌的共产党，一个是人民阵线（指救国会），我都知道。你们不要太猖狂了。"

朱克靖理直气壮地质问范争波说："我们抗日救国，犯什么罪？请新四军陈毅讲抗日游击战争，犯什么罪？"

朱克靖、薛暮桥、夏征农一起，组织南昌市

文化界救国会继续开了几次筹备会。到1938年1月，他们不顾国民党江西省党部的反对，决定召开南昌市文化界救国会成立大会。临开会前，国民党江西省党部派大批流氓特务到会场捣乱，扬言如开会就抓人，双方相持不下。这时江西省保安处副处长蒋经国来了，要求朱克靖等人停止开会。南昌市文化界救国会就这样流产了。

朱克靖深知在国民党统治下搞文化搞不出什么名堂，他决心重返战场。朱克靖对家里人说："我要重归战场，请缨杀敌。"

不久，朱克靖把妻子萧仲之和儿女送回醴陵老家安置。朱克靖安排好这一切，就背井离乡，又投身于抗日救国的神圣战争之中。

04 举旗抗日，在新四军任职

战地服务团　岩寺颂整编

1937年秋末，就在南昌街头，朱克靖意外地遇见好友叶挺。这两个莫斯科东方劳动者共产主义大学的同学，大革命时代的风云人物，八一南昌起义共同战斗的战友，经过10年漂泊之后，邂逅相逢了。

站在叶挺身后的一个魁梧的大个子，朱克靖觉得似曾相识。

叶挺介绍说："不认得啦，这是叶剑英参谋长啊。"

这是阔别10年之后，朱克靖在南昌市邂逅叶挺军长和叶剑英参谋长的情景，他们穿过街心，又折回旅寓。谈到了战事，谈到了别后苦情，谈话到深夜，张学良的囚车也到了。

默然了一段时间，然后叶挺说："老朱，你还是同我们一起来干吧！我要成立军服务团，请你当团长。"

"好吧！就这样办。那么团员呢？"朱克靖高兴而诚挚地答应了。

叶挺说："团员是有的，全国各地来的青年男女大学生、中学生、青年工人，都已来得不少了，其中还有文学家、戏剧家。"

接着，叶挺又强调说："我们是战斗在最前线，不是在敌后。"

不久，叶挺出任新四军军长。

10月12日，江西省主席熊式辉转发蒋介石10月6日的电令：鄂豫皖边区高敬亭部、湘鄂赣边区傅秋涛部、粤赣边区项英部、浙闽边区刘英部和闽西张鼎丞红军游击队，均编入新四军，由叶挺调用，标志着新四军的成立。

中共中央得知这个情况后，毛泽东请叶挺来延安面谈。叶挺随即于 11 月 3 日到延安，表示虽“在党的组织外，但愿在党的领导下坚持抗战到底”。

这样，叶挺来往于武汉、南昌之间，筹组新四军。新四军筹备处开始在汉口大和街 26 号，朱克靖协助叶挺筹组新四军，开展对国民党军界上层人士的统战工作。

在武汉，朱克靖见到周恩来，党组织征求朱克靖对安排职务的意见时，朱克靖说：“只要对抗战有益，无论分配我做什么工作都行。”周恩来认为现在国共合作，朱克靖大革命时任过第 3 军党代表兼政治部主任，在国民党军上层关系较多，当新四军战地服务团团长，便于做统战工作。朱克靖欣然受命。

按照周恩来指示，朱克靖给北伐时原第 3 军的好友、现任第五战区苏鲁皖边区游击总指挥部总指挥的李明扬写信，由中共苏鲁皖边区特委书记郭子化持朱克靖的信，到微山湖边的张官屯夜访李明扬，商量共同抗日事宜。朱克靖在信中忆叙旧谊，说明受中共中央军委主席毛泽东、中共中央军委副主席兼八路军总指挥朱德、中共中央军委副主席周恩来3位中共领导人之托向李明扬转达问好，希望他在力所能及的情况下，给予苏鲁皖边区中共方面一定的帮助。李明扬读罢信后，思绪翻腾，深为感动地说："郭先生，请你尽管放心，我一定会帮你们忙的。"

朱克靖在武汉八路军办事处，开始招收战地服务团团员。朱克靖见到在武汉的大学教授罗章龙，让罗章龙介绍知识青年参加新四军战地服务团，罗章龙从他的学生中介绍了几个革命青年参加。从临汾八路军学兵队调来10多个青年男女参加新四军，朱克靖和他们谈话。

1937年12月14日，为加强党对新四军的领导，中共中央决定成立中央军委新四军分会，以项英任书记，陈毅任副书记。12月25日，新四军军部在汉口成立。1938年1月6日后，军部领导干部开始配备，机关逐步建立起来。军长叶挺，副军长项英，参谋长张云逸，副参谋长周子昆，政治部主任袁国平，副主任邓子恢。43岁的朱克靖任新四军战地服务团团长。

当时的江西省主席兼南昌行营主任熊式辉（字天翼），得知朱克靖要去新四军工作，便以“叙旧”的名义，把朱克靖请到自己家。

熊式辉说：“克靖兄，我们都是第3军的，理当互相关照。你当过省府秘书长，我请你官复原职，对你来说是驾轻就熟。这些年你吃了不少苦，不必再上前线吃苦了。”

面对高官厚禄，朱克靖只淡淡地说了一句：“谢谢老兄的美意，我愿在新四军与抗日将士们一起吃苦。”便起身告辞了。

朱克靖为筹建新四军战地服务团，四处奔走，筹措经费，收罗人才。朱克靖知道前进路上会有许多艰难险阻，但现在他不再是孤身奋斗，有组织和同志在一起，为了抗日救国，他勇往直前地走下去。

1938年1月21日，新四军战地服务团在南昌成立，直属军部领导，专门负责战地宣传和民运工作。

战地服务团领导班子最初只有3个人：团长

朱克靖、秘书长白丁、总支部书记章蕴。白丁即徐平羽，新四军军部打电报到中共中央长江局指名调章蕴到服务团任总支书记，她主要负责培养、教育青年团员，发展中国共产党的组织，并主管服务团在新四军驻地的群众工作。此时朱克靖还没有恢复党籍，章蕴非常尊重朱克靖的领导，向邓子恢汇报工作后也向朱克靖汇报，人际关系处理得很好。服务团团员们的服装五花八门，有的穿西装，有的穿长袍、旗袍，还有的穿学生装，就是没有穿中山装的。因为当时国民党的官僚均穿中山装，大家十分厌恶。

战地服务团成立那天，早上大家在仓库门前大坪上集合。

叶挺军长身着军装，腰系皮带，格外精神，说："你们的团长是朱克靖同志，白丁同志是你们的秘书长。希望你们在朱克靖团长、白丁秘书长的领导下，把新四军的文化、教育、宣传工作搞好！"

战地服务团成立伊始，就用文艺形式宣传抗日救国，动员民众参加神圣的抗日战争。绘画组在

戰地服務團成

南昌街头绘制大型宣传画《屠场》，揭露日寇兽行。民运组在民众中召开座谈会，宣传抗日。戏剧组天天到街头唱歌、演活报剧。演《抓汉奸》时，群众以为演员是真汉奸，围住要打，经过解释演员才脱险。他们还演出抗战街头剧《三江好》《最后一计》《放下你的鞭子》，合称“好一计鞭子”，鞭挞日本侵略者。张茜扮演《放下你的鞭子》中的卖唱女孩，声情并茂，很是感人。

新四军战地服务团的活动，在南昌上空打出了新四军的抗日旗帜，宣传了中国共产党的抗日民族统一战线政策，唤醒了南昌人民的抗日意识，引导和影响了其他抗日流亡文艺团体的活动，体现了中国共产党在江西抗日文化活动中的领导地位。

朱克靖带着这批青年跋山涉水，到各抗日民主根据地演出，开展民运工作，经过在伟大的抗日军民和抗日战争中的锻炼，他们都脱下了旗袍西服，穿上了军装草鞋，渐渐地变成革命战士，或者成为领导干部。

4 月 4 日，新四军军部奉命从南昌移驻皖南的岩寺，正式进行整编，战地服务团随军部到岩寺集中。

第二天清晨，车到兰溪时，战地服务团的同志立即下车，帮助伤兵上车。但国民党军队的伤兵最难缠，有几个同志下车慢了一点，就挨了他们的骂，几乎要动起武来。情势有些紧张，年轻的团员不知如何是好。

朱克靖在北伐战争时期当过军政治部主任，有处理士兵闹事的经验，他和秘书长白丁商量，要利用这次难得的机会，为士兵作慰问演出，以扩大新四军的政治影响，做好友军的统战工作。

战地服务团团员们全体站在大雨中，激情而热烈地唱着歌、呼着口号，欢送这些士兵。士兵们确实被团员们这样的热情款待感动了，主动派代表向团员们道歉，有的甚至感激涕零。

接着，战地服务团由兰溪途经建德，坐木船溯新安江北上至皖南歙县，再步行到达岩寺。战地服务团在南昌时有 100 多人，此后不断有各地爱国青年参加，到岩寺时已增加到 400 人。

第一支队司令员陈毅在南昌就看过战地服务团的表演，对服务团非常赞赏。陈毅对朱克靖团长和服务团团员们说：“欢迎你们到江南去唱歌演戏。我陈毅为你们打前站，给你们搭台，打扫场地。那里不仅需要军事政治工作，还需要大批的文化人、文艺家。同志们，打起背包跟我走吧！”

战地服务团决定抽调一部分团员到部队，随陈毅、粟裕率领的第一支队挺进江南敌后，到抗日前线去。

4 月下旬的一个晚上，朱克靖团长和白丁秘书长动员团员们报名上前线，大家争先恐后报名，情绪激昂。

刚组建的军服务团第三大队 30 余人，随陈毅司令员率领的第一支队出发。朱克靖团长和白丁秘书长来到队前，和大家一一握手话别。

朱克靖面对激情满怀的队伍端详了一会儿，深有感触地说：“你们跟陈司令到敌人后方去，这是我们服务团的光荣。同志们，敌后的广大群众在盼望着你们，战斗的胜利在等待着你们，前进吧，前线再见。”

团长朱克靖铁骨铮铮的送别词，给同志们以强大的鼓舞。

云岭复党籍　一路勤创演

1938 年 5 月初，朱克靖率战地服务团随叶挺军长、项英副军长及军部的一群人，也离开了岩寺，经潜口、洽舍到汤口，走了很多迂回曲折的道路，向安徽泾县云岭进发。

一路上，朱克靖边走边感慨：如此锦绣的祖国河山，我中华民族历代生息之所，誓必以死捍卫，不让敌寇的血腥所污染，才不愧为祖国的优秀子孙，才不玷污了祖国河山！

由汤口经谭家桥、三口，到达太平县（今安徽省黄山市黄山区）甘棠镇，停留一段时间后，战地服务团又派出两个分队分别随第二支队、第三支队出发到江南敌后和皖南前线。

5 月 26 日，新四军军部由太平县移防到南陵土塘，战地服务团团长朱克靖等新四军领导人在南陵土塘驻防期间，曾派出战地服务团和民运工作队到南陵、繁昌、泾县等地进行抗日宣传活动，召开各种会议，向群众宣传中国共产党的抗日政策和抗日主张，指导南陵抗日救亡工作。

7月1日军部离开土塘继续前进，翻过樵山岭，进入泾县铜山村，经过泾县县城和茂林镇，8月2日军部进驻云岭。

云岭是泾县的一个小镇。战地服务团进驻云岭后，有了一个比较安定的环境。军部领导和团长朱克靖十分重视战地服务团的政治学习，为提高团员们的政治觉悟和马列主义理论水平，安排系统地讲授科学社会主义、哲学、中国革命问题等课程，有计划地进行了马列主义基础理论教育。朱克靖也应安徽省政府委员、民政厅长、代省长陈良佐之邀，和新四军参谋长张云逸以及进步作家史沫特莱一起，给安徽省政府政治军事干部训练班学员讲课，推动安徽省抗日民主力量和大别山敌后抗日根据地发展。

战地服务团经过整编，安顿好后，朱克靖就带领团员们开始到各地、各部队慰问演出，开展民运工作。

这天上午，团长朱克靖一早就告诉团员们：“有位美国作家来访，大家准备一下。”

朱克靖安排文化程度较高的王于畊、周纫惠和史沫特莱谈话。史沫特莱见到她们时显得异常高兴，和她们又是亲吻又是拥抱，嘴里还用不标准的中国话喊着：“噢！中国女兵！”

1938 年 10 月 2 日，新四军成立一周年，军部战地服务团团长朱克靖等人相继在会上发表讲话，回顾了第一次国内革命战争以来的光荣军史和为了挽救民族危亡实行第二次国共合作、改编为新四军开赴敌后抗日救国的伟大意义。

年底，朱克靖组织战地服务团举行文艺大众化问题座谈会，邀请陈毅同志作报告。陈毅指出，文艺大众化是无产阶级的口号；大众化就是为大多数人服务，是内容问题也是形式问题；大众化不等于通俗化，通俗化不等于庸俗化。他的讲话给团员们很大启发和教益。

从岩寺到云岭，朱克靖带领着战地服务团去做戏剧、歌咏、抗战宣传动员工作，停留军部的日子是极少的。从 1938 年春天由南昌出发到 1939

年的春天为止，战地服务团足迹遍及大江南北，工作的地方已有 20 余县，看过戏的群众有数十万人，所跑过的路程以东西南北、纵横往复来计算约数万里。

朱克靖在南昌起义失败后与中国共产党失去组织联系，加入新四军后，党的组织关系仍迟迟没有恢复。和朱克靖经历相似的叶挺军长，党籍问题也被卡着，迟迟没有得到解决。

1939 年 3 月 6 日，周恩来在云岭军部大厅作报告。此时，新四军召开军部党的活动分子会议。

周恩来在团长朱克靖陪同下，视察了战地服务团各组的工作，看望了战地服务团的同志们。中午，周恩来和战地服务团的同志一起吃饭。饭后，周恩来到朱克靖宿舍，与朱克靖和军政治部主任袁国平长谈。晚上，周恩来就在战地服务团俱乐部里看戏。

周恩来在新四军军部期间，将朱克靖的党籍问题解决了。朱克靖由军政治部组织部部长李子芳和服务团副团长谢云晖二人介绍，重新入党，中央军委新四军分会批准其为特别党员。

朱克靖恢复了党籍，心情舒畅，精神焕发，工作更加积极。他带领战地服务团奔驰大江南北，尽战地服务的职责。

为了北上，叶挺军长到江北巡视，筹建新四军江北指挥部，开辟皖中、皖北和津浦路东敌后抗日根据地。叶挺军长要朱克靖带领战地服务团一个工作队随行，以便协助他开展统战工作，工作队到部队驻地进行抗日宣传和群众工作。

由于这次工作的地区广、任务重、时间长，战地服务团抽调身体比较健壮的 21 名同志，组成第三工作队，由朱克靖团长亲自带队。经过两天行军，到达繁昌县（今安徽省芜湖市繁昌区）境内的第三支队驻地。27 日，白天休息睡觉，黄昏趁暮色开始急行军，奔赴江边，以便黑夜渡江。

渡过长江到达目的地后，叶挺、邓子恢就先后做两件事情，一是检查第四支队高敬亭的工作，二是进大别山见国民党安徽省主席廖磊，商谈皖北新四军作战任务及防地事宜。

军长叶挺和朱克靖轻装简从，连骑入山。国民党安徽省主席廖磊，是桂系的忠实干将，在安徽贯彻桂系的主张。叶挺和朱克靖与廖磊的谈判没有什么结果。廖磊提出的要新四军开赴津浦线两侧去抗战的条件，新四军已经执行了。而叶挺、朱克靖要求对方能允许新四军的条件，虽甚简要，如保证抗战合作、不要摩擦、恢复民主、允许敌后抗日自由等，廖磊唯唯诺诺，不敢明确作答。这样他们的谈话自然没什么结果。

战地服务团三队来到新四军第五支队，立即感受到了紧张的战斗气氛。处在敌伪夹击的形势下，处境艰险，部队随时都要准备投入战斗。只要在一个村庄停留下来，同志们背包一放，就分头找群众攀谈。每当收集到有关抗日拥军的突出事迹，就立即编成活报剧，在台上演出。每次晚会，首先是朱克靖团长上台讲话。那时没有扩音器，演讲的人面对台下黑压压的群众，只能放大嗓音，高声喊着。朱克靖用带湖南口音的普通话演讲，热情洋溢，很有鼓动性。

朱克靖带领战地服务团三队，在江北指挥部活动的皖北地区工作了近半年，从无为县（今无为市）一个渡口夜渡长江，继续行军，到了新四军第三支队司令部所在地繁昌。新四军战士抗日救国、浴血奋战的景象，给他带来前所未有的震撼。他要让战地服务团好好宣传一下。到 10 月下旬，战地服务团三队在江北的巡回工作已经整整半年了。

创作为抗战　文艺为宣传

战地服务团除了直接做民运工作，用文艺形式，通过戏剧演出和绘画宣传教育群众，唤起群众、动员群众参加和支援抗日战争之外，为神圣的民族救亡抗战服务，是战地服务团的另一项主要工作。这两项工作是战地服务团的两条腿，互相配合，共同前进。

朱克靖作为战地服务团团长，在指导文艺创作为抗战服务上，付出了不少心血。

新四军初到云岭时，日军飞机时常来轰炸，当地民众过去没见过飞机，缺少防空知识，人心惶惶。朱克靖认为有必要开展不怕敌人空袭，普及防空常识的宣传，指导戏剧组的李增援编排活报剧，通过一个小学教师来向惧怕空袭的老乡宣传敌机空袭并不可怕，重要的是会防空，更重要的是大家团结起来一条心，打走日军享太平。

朱克靖根据报刊上描写日本人民厌战反战的材料，指导戏剧组编排戏剧《兄妹》，故事写的是一双兄妹，哥哥被征兵入伍参加侵华战争，妹妹成为随军艺伎也来到中国，兄妹在妓院中相会。为写好这出戏，朱克靖团长特地从政治部请来敌工部长林植夫，还有一个被俘后转变参加新四军工作的日本士兵，为团员们讲述日本的风俗习惯，日军军营中的情况，以及日本人民的厌战情绪。

新四军军部进驻皖南虽仅有两年多时间，但那是用头颅和热血换来的。新四军孤军奋斗，八次保卫繁昌，两次击退敌人进攻南陵、宣城，叶挺军长曾亲率健儿收复泾县。八次保卫繁昌的英勇战斗最为可歌可泣。

朱克靖回到云岭后，向战地服务团团员们传达了繁昌之战。他请从前方回来的政治部、司令部的几位同志到服务团驻地，并找来李增援、邵惟、吴强和王于畊等几位编剧。

朱克靖提出:“这次要写个大戏，三幕剧行不行？剧里以我军为主，要表现出我军的英勇抗战精神，与人民的鱼水关系以及和顽固分子作斗争的情况。”

大家就这样商量着把三幕剧的大概情节描绘出来了。朱克靖看过剧本，做了一些修改，在排戏过程中，朱克靖团长经常在场指点。他说:“要抓紧排，一面排戏，一面修改，把戏搞得好些。”

1940年元旦，话剧《繁昌之战》在云岭军民联欢会上首次演出，观众反响热烈。后来，朱克靖率领服务团踏雪出发，去第三支队驻地慰问演出，为部队、当地政府及广大群众演出《繁昌之战》，连演七八次，观众达五六万人，轰动一时。

开展民运工作是战地服务团的一项主要任务。朱克靖经常带领服务团深入群众，演出文艺节目，进行宣传、动员等民运工作。每次演出之前，由朱克靖团长上台讲话，向群众宣传抗日的道理，向部队官兵表示慰问。朱克靖讲话鼓动性很强，深受部队和群众的欢迎。

1940年春节前，朱克靖团长带战地服务团协同军政治部民运部的人员，去茂林地区开展慰问抗日军人家属工作。服务团只得一面找乡长、保长们进行思想动员，作调查研究，一面由朱克靖团长拜访圣公会会长陆绍泉和镇长、开明士绅交谈，阐明抗日大局，以及慰问抗日军人家属、鼓励士气的意义，提出要依照有钱出钱有力出力的原则，发动大家捐献财物粮草等，让抗日军人家属过一个温饱欢乐的新年。

2月，新四军军部准备隆重纪念“三八”国际妇女节，除开座谈会、在抗敌报刊发表文章、兴办画展、进行球类比赛外，自然还要召开纪念大会和演戏。朱克靖同以前一样，始终参加编剧座谈会，帮助他们分析材料，不断地提高他们的思想水平，启发他们的戏剧构思。

王于畊执笔，写出了三幕话剧《大时代的女性》，内容是写几个进步女青年弃家出走奔向抗日前线的故事。“三八”国际妇女节庆祝大会后，《大时代的女性》在挤满了人的大祠堂里与观众见面了。

落幕后，观众热烈鼓掌，剧团所有的人都非常高兴。

从沦陷区、国统区大后方和南洋华侨中来的一批爱国青年，战地服务团专门为他们成立一个100多人的学习队，结合服务团的特点和工作的需要，进行了近半年的学习训练，培养他们成为政治干部人才，分配到民运、戏剧、美术、歌咏等队、组工作，为服务团充实了新鲜血液，成为后来的骨干力量。

经过一年的战斗，新四军在江南站住了脚，成立了陈毅任指挥的新四军江南指挥部。陈毅打电报给还在皖北的朱克靖，要朱克靖团长带领服务团到江南工作一番。

4月，战地服务团抽调100多人，编为剧团和民运两个组，由朱克靖团长和谢云晖副团长率领，离开皖南军部，又一次通过日军封锁线，到达苏南敌后溧阳水西村新四军江南指挥部。之后就在陈毅指挥领导下，开展抗日宣传和统战、民运工作。

朱克靖与战地服务团前后到过江南3次，最后一次是随皖南军部奉命北移的，沿途经过国民党统治区，难免遇到不同情形的困难、刁难和打击。有一次演戏，队伍和群众正在高兴地鼓掌的时候，却被他们的一位监军赵副官给驱散，并把队伍带走了。

战地服务团从皖南军部来到江南指挥部驻地溧阳水西村。白天农民要下田劳动，没有时间，民运队只好在晚上挨家挨户登门拜访，苦口婆心地向群众宣传抗日政策。

1940 年初夏，国民党第三战区江南第二游击总指挥部总指挥冷欣来新四军第一支队视察。

冷欣在第一支队视察时，观看了战地服务团演出的由陈白尘编剧的大型话剧《魔窟》。这是一部揭露汪伪政权维持会的汉奸们卖国求荣、认贼作父的丑恶灵魂的讽刺剧。张茜扮演剧中的小白菜，楚楚动人，由此扬名。冷欣看了演出大加赞赏，并向陈毅司令员提出，请战地服务团到他们部队作慰问演出，陈毅司令员慨然允诺。

于是决定由朱克靖率战地服务团，赴溧阳以南六七十里的冷欣部队驻地演出。战地服务团是第一次到友军演出，冷欣又是出了名的搞特务工作

的。出发之前，朱克靖对大家进行了充分的思想动员，要求同志们明确认识完成这一任务的政治意义。

朱克靖说：“这次演出是一次做统战工作的特殊任务，对我们是一次很好的考验，也是一场战斗。我们要充分考虑打好这一仗，取得胜利！”

在冷欣部队驻地，战地服务团带去的是陈白尘的三幕话剧《魔窟》和几个独幕剧，三天办了两场晚会。演出的舞台搭在广场上，开演之前广场早已坐满了军官。服装道具多半是向当地群众借的，群众听说服务团演戏，也纷纷涌来广场观看。演员们高超的演技，把汉奸们的无耻嘴脸，刻画得惟妙惟肖，赢得了一阵阵热烈的掌声。

朱克靖率战地服务团归途经过国民党军第63师驻地戴埠时，该师宣传队邀请服务团一起交流。这个宣传队是国民党军队中文化较高的一个宣传队。战地服务团停留了两天，和他们共同演出节目，互相观摩，还组织了一次时事座谈会。

座谈会前，朱克靖团长专门作了布置，说：“为了贯彻中共中央提出的坚持抗战、反对妥协，坚持团结、反对分裂，坚持进步、反对倒退的方针，要利用与友军座谈的机会，对他们进行一次坚持抗日战争的宣传教育。现在国民党反动派正在密谋与日寇妥协投降，座谈的题目就是‘东方慕尼黑的阴谋’。”

朱克靖详细谈了慕尼黑会议的来龙去脉和有关情况，说：“谈这个问题，要和我党提出的三个坚持的内容结合起来，这是最有现实意义的坚持抗日的宣传教育。”

座谈会开始，第63师10多人参加。战地服务团的同志首先发言，说明1938年英、法、德、意在德国慕尼黑召开会议，会议协定是英、法出卖捷克的利益给德国，作为德国向苏联发动进攻的交换条件。1939年英、美帝国主义几次酝酿，以牺牲中国的利益取得和日本帝国主义的妥协，故称之为“东方慕尼黑阴谋”。中国共产党洞察了这一阴谋，提出针锋相对的谴责。接着的发言分析了国内对东方慕尼黑的几种观点和态度：九一八事变到七七卢沟桥抗战爆发之间，是战与不战的争论，一切爱国党派和仁人志士，认为战则存，不战则亡，投降主义者则认定，战则亡，不战则存。卢沟桥事变的炮声，把这个争论暂停了。

1938年10月，武汉失守后，日寇对国民党改为以政治诱降为主，军事进攻为辅，英美等国也不断示意中国当局对日议和，国内出现和与战之争，主和派认为战则亡，和则存，实质是投降派。

在座谈会上，战地服务团团员踊跃发言，说得头头是道。第63师宣传队队员目瞪口呆地静听发言。当邀请他们发言时，他们诚惶诚恐，有两位直言不讳地说："你们发言很好，所讲的内容，是我们参加抗日救亡以来，听到最丰富而生动的一课。慕尼黑这个词，我们未听说过，更不知'东方慕尼黑阴谋'的内幕了，深感惭愧。说明我们政治上幼稚，对抗战的知识太贫乏了。我们很羡慕你们的学习、工作和自由民主的生活。"

这次座谈，得到这样好的效果，是出乎意料的。这和朱克靖团长因事、因地、因人制宜，立足统战工作，坚持宣传党的方针政策的指导思想是分不开的。

朱克靖带领新四军战地服务团奔走呼吁民族团结，抗日救国，国民党蒋介石却要倒行逆施，他们不能容忍卧榻之侧有新四军这只猛虎存在。顾祝同、冷欣的部队在日军面前节节败退，对合作抗日的新四军却步步紧逼。

1940 年 6 月，战地服务团接到命令，和军政治部的同志一起渡江北上。他们在一个连队的护送下，穿越溧武路敌人封锁线。晚上 10 时开始行军，在黑夜里悄悄地行进。一次走到离江边渡口只有二三十里路的一座小石桥时，前面忽然响起了一阵枪声，接着警卫排的一个战士急匆匆地跑来，轻声地说:“快卧倒！我们和一小股日军遭遇了。”经过半个多小时的对射，枪声渐渐平息下来。

由于袭击来得过于突然，战地服务团的队伍被打散了。遭遇袭击的紧张和连续行军的劳累，使大家身体像散了架似的，倒在地上就再也不想爬起来了。

朱克靖和谢云晖四下找寻，失散的人们陆陆续续回来了。

朱克靖带领战地服务团，在特殊的战斗中经受考验，在铁与血的洗礼中不断成长。新四军战士们和战地服务团团员的流血牺牲，也激励着朱克靖献身人民解放的战斗精神，更加坚定了他的共产主义信念。

05 统战先锋，成为陈毅助手

争取李明扬　泰州促和谈

陈毅电召朱克靖到江南指挥部，是有“特殊任务”要交给朱克靖。

陈毅说：“克靖兄，请你来有重要任务，派你到泰州和李明扬谈判。”

随即，陈毅向朱克靖详细介绍了苏北的情况。

原来，陈毅、粟裕率新四军第一支队进入苏北以后，苏北有 4 种军事力量：居第一位的是日军第 13 军独立混成旅团一部；居第二位的是国民党顽固派、鲁苏战区副总司令兼江苏省主席韩德勤，自诩拥兵10万；居第三位的是地方实力派鲁苏皖边区游击总指挥部总指挥李明扬、副总指挥李长江，“二李”兵力约有2万人；居第四位的是陈毅所部新四军，3200余人，但兵力是名副其实的老四。

韩德勤，字楚箴，苏北人，任江苏省主席，韩德勤与国民党军第三战区司令顾祝同是同乡，靠顾祝同的提携，把控江苏省军政大权，在苏北积极反共，消极抗日，祸害百姓。

李明扬、李长江是苏北最有影响的地方实力派。李明扬，字师广，是江苏萧县（今安徽省宿州市萧县）人，留学日本、德国，为人忠厚老实，有爱国心、正义感，早年参加同盟会湖口起义、二次革命。大革命时任驻粤赣军总司令，与周恩来有过交往，周恩来在党内说：“李明扬这个人正派，懂军事，在军界资格老，很值得争取，至少要争取他成为可靠的朋友。”后李明扬任国民革命军第3军的师长参加北伐，和任第3军政治部主任的朱克靖关系不错。论资历李明扬比顾祝同、韩德勤都老。李长江早年在南京当脚夫，是行伍出身的大老粗，李明扬任江苏保安处处长时，李长江随之任第四团团长。全国抗战初期，“二李”收集散兵游勇，自组成军，并由重庆委任为鲁苏皖边区游击总指挥、副总指挥。

还有陈泰运的税警总团，下辖3个纵队6个团。陈泰运是黄埔一期生，和韩德勤有矛盾。时任江苏省主席韩德勤排挤“二李”，“二李”的地位一落千丈，在桂系李宗仁、白崇禧的扶助下，才在泰州占得一隅之地。“二李”和陈泰运深受韩德勤的排挤与压迫，暗中联合反韩。

陈毅从实际情况出发，遵照中共中央的抗日统一战线政策，提出“击敌、联李、孤韩”发展苏北的战略方针。陈毅指出，解决苏北问题，应向韩德勤下手。而取得对韩德勤顽军斗争的胜利，关键在“联李”，争取“二李”保持中立，作为扩大抗日统一战线，解决苏北抗日领导权的一个重要环节。

7月3日，陈毅赶到郭村，立即和新四军挺进纵队司令员管文蔚、副司令员叶飞、参谋长张藩、政治部主任吉洛（姬鹏飞）研究情况。要打开苏北局面，非把韩德勤打败不可。要打败韩德勤，就必须争取“二李”中立。

为争取“二李”中立，需要派人去泰州和“二李”谈判，必须派资历足以让“二李”尊重信服，又有和国民党上层军政官员谈判经验的人，才能保证谈判的成功。周恩来电告陈毅提议派朱克靖与李明扬谈判，这就是所谓“特殊任务”。

陈毅直接同李明扬通电话：“李总指挥，请你放心！我已命令部队立即撤回，决不进攻泰州。一切商量解决。”

陈毅在电话中说：“我马上请克靖兄到泰州和总指挥面谈。”

李明扬听说老友朱克靖要来，喜出望外，连连答应。

陈毅要朱克靖带信给“二李”的副参谋长许少顿，请朱克靖转告国民党顽固派不要搞摩擦，不要自相残杀。

7月5日，朱克靖持陈毅写给李明扬和许少顿的信，身负重任，踏上征途，直奔泰州。

泰州陈家桥西街的凌家花园是李明扬的住宅。

李明扬已没有了败战失地的忧愁，一脸高兴，命令打扫街道，在西花厅摆宴，准备迎客："我的老朋友来了！"

朱克靖到达泰州李明扬司令部时，"二李"已在门外恭候，两边还布置了数十名群众鼓掌欢迎。

李明扬与朱克靖有着袍泽情谊，私人感情也不错。李明扬的夫人葛佩秋，与朱克靖沾亲带故，朱克靖和李明扬别离14年，乍见的时候，大家都不免有些惊喜。

见面时，李明扬已将被软禁的新四军挺进纵队政治部副主任陈同生等放出，并向他们赔礼道歉。陈同生陪同朱克靖赴宴。席间，李明扬向李长江和几个纵队司令介绍说："北伐战争时，我是第3军第9师师长，克靖兄是第3军党代表，是我的老上司。"

朱克靖笑道："师广兄名扬海内，功勋卓著。我是一事无成。"

李明扬诚恳地说："你也太过自谦了。要说你一事无成，那我就更没成事。只能算偏安一隅，无所作为。"

酒席宴罢，朱克靖与李明扬、李长江会谈。

朱克靖说：“陈毅司令的意思很明确，不改初衷，和总座副座做朋友，共同抗日。你们的陈中柱将军和两个支队长千把人枪，新四军明天全部释放，武器全部归还，让他们背上枪整队回泰州。”

李明扬感动地说：“郭村事件，原是长江听信了别人的拨弄，不听我的话，因而发生不应有的误会。”

朱克靖说：“郭村、塘头、宜陵归还你们，吴家桥也给你们，那里一个月有5万元税收，你们可以补贴军饷。”

李明扬喜出望外：“陈司令真是宽宏大量！我们要检讨。长江，记住今后再不要和新四军打仗！”

在谈判过程中，陈毅与李明扬再次通电话，表示如果“二李”能让新四军借道东进黄桥，将十分感谢，并告知李明扬与朱克靖谈话事关机密，希望不要外泄。

朱克靖与李明扬密谈，双方达成秘密协定：第一，李部掩护新四军东进；第二，李部在港口、缪湾一带借道给新四军东进，新四军东进后即将江都30里防地让给李部，李部不得摧残共产党干部和群众；第三，将来如果韩德勤部与新四军作战，李部须严守中立，今后抗敌一致行动。朱克靖把李明扬的意见报告陈毅，陈毅同意了。

李明扬连连点头说："一言为定。不过，贵军经过防区时，请允许我们对空鸣枪，我向韩主席报告，阻击无效，好有个交代。"

这是朱克靖到江北第一次与李明扬会谈的情形。朱克靖出色完成了谈判任务，陈毅非常满意。

反顽战黄桥　团结聚民心

新四军到苏北后，陈毅根据中共中央建立抗日民族统一战线的政策，亲自抓统一战线工作，争取团结地方有影响的上层人士，孤立和打击韩德勤顽固势力。朱克靖以他在大革命时期的地位和影响，协助陈毅坚决贯彻执行中共中央指示，在争取社会上层人物时，同样显示了他的非凡才华，成为陈毅开展统一战线工作的得力助手。

苏北新四军在扬（州）泰（县）地区休整一周，即离开“二李”的地盘，借道东进，直取黄桥。

韩德勤获悉新四军欲取黄桥，急令何克谦率保安第4旅由黄桥向北，又令陈泰运税警团由北向南夹击新四军。新四军击溃顽军，于7月29日占领黄桥。

朱克靖随部队首先进入黄桥，各界欢迎情绪之热烈，为前所未有。

苏北新四军占领黄桥以后，战地服务团开展民运工作，分兵发动群众，清剿散兵游勇，委派了泰县、如皋、靖江、泰兴、江都5县县长，建立了以黄桥为中心的根据地。

8月中旬，为了建立抗日民主统一战线，在黄桥召开了苏北抗日民主人士会议，到会者有一二百人。朱克靖主持了这次会议，陈毅在会上作了重要讲话，会上成立通、如、靖、泰临时行政委员会，管文蔚任主任。

朱克靖主要协助陈毅做国民党军队和地方上层人士的统战工作，呼吁大家团结合作，共同抗日。黄桥有个艺专毕业的画家李善静，家住李家花园，与军部相邻。李善静与陈毅和朱克靖相识后，称赞新四军："你们来到这里，一切都变了样，新四军好！"李善静在园中开"蟠桃宴会"，邀请陈毅司令员及朱克靖等新四军的同志共享丰收的喜悦。

新四军到达黄桥后，开辟了如皋、靖江、泰兴等 5 县抗日根据地。

在泰州，朱克靖带领一些新四军干部战士和电台，在陈家桥西街 29 号建立联络机关，和李明扬经常保持联系。

朱克靖广交朋友，开展统战工作。泰州商会会长吴去山是个爱国商人。朱克靖经常走访吴去山，宣传中共的抗战方针，相谈甚欢。后来，朱克靖请吴去山设法代运由上海发出经泰州转运给新四军的药品、布匹等物资。朱克靖还和苏北上层人士黄逸峰、朱履先等建立了联系。

新四军进入黄桥后，陈毅、粟裕、朱克靖、管文蔚、惠浴宇等人，都先后去看望了朱履先。朱克靖和朱履先接触更多些，经常和他交谈国共合作抗战事宜，两人关系很好。

朱履先说："承蒙贵党看得起我。只要你们有用得着我的地方，我当唯马首是瞻。为了抗日，我百死不辞！有什么事情，请尽管吩咐！"

从此，朱履先就和朱克靖等一起，四处奔走，联络中上层人士，呼吁团结抗日，揭露韩德勤等顽固派消极抗日、积极反共反人民的罪恶行径。朱履先的态度鲜明，对韩国钧、李明扬和当地的一大批新旧知识分子有很大影响。如泰兴的刘伯厚、靖江的祝维干等，都先后和新四军站到了一起，对抗战起到了很好的作用。

新四军进入黄桥后，与李明扬、韩德勤商定，省方军、鲁苏皖军、苏北新四军三方各守原防，努力抗敌。

韩德勤表面上同新四军划定防区，但并不死心，一边窥探新四军实力，一边等待时机与新四军决战。韩德勤先派马参议去黄桥打探新四军的情况。

陈毅向马参议展示军威，马参议回去后果然

向韩德勤报告说："新四军看来实力雄厚，国军少了恐不能解决问题。"

韩德勤不甘心新四军占领黄桥并向东进展。8月下旬，进入秋季河水暴涨，新四军各部队间联系困难。韩德勤以为时机已到，秘密制订进攻黄桥的作战计划。同时，韩德勤令姜堰张少华保安第9旅严密封锁粮食南运的黄桥，企图切断新四军粮食来源，困死新四军，甚至公开印发传单，宣称"大兵南下剿共"。

此时，朱克靖以新四军苏北指挥部联络部部长的名义，带领秘书于晶等几十个同志，常住泰州城中的旅店，继续做"二李"的工作。朱克靖在李明扬司令部获悉韩德勤作战计划，立即报告新四军苏北指挥部。陈毅、粟裕一面命令苏北新四军部队积极准备与韩德勤在黄桥决战，一面广泛开展统一战线工作，做到对国民党顽固派的斗争有理有利有节。

9月3日，陈毅又派朱克靖约黄辟尘等黄桥士绅数人，去见李明扬、韩德勤、韩国钧，带去陈毅的亲笔信，呼吁和平。

然而，就在当天，韩德勤已开始调动军队向营溪作试探性进攻，进逼黄桥。陈毅、粟裕立即呼吁和制止韩德勤进攻新四军。在劝诫无果的情况下，陈毅、粟裕指挥苏北新四军在营溪击溃省韩军先头部队保安第 1 旅两个团，取得初战胜利。韩德勤不敢贸然再战。

此时，朱克靖派人送信给陈毅，请示下一步如何行动。

陈毅在野周庄阵地给朱克靖回信后，于 14 日和粟裕率新四军苏北指挥部机关进驻姜堰，下榻新交通旅馆曲江楼。

9 月 15 日，陈毅广泛开展统一战线工作，和朱克靖在曲江楼会见黄逸峰，并派朱克靖、管文蔚四处奔走，往来于泰州、曲塘、海安等地，向“二李”、陈泰运、韩国钧等呼吁和平，力求疏解误会。

朱克靖前往泰州向李明扬总指挥解释，反复陈说新四军信守诺言，停止内战、团结抗日的初衷不变，使“二李”从事实上感到新四军发展，不仅于己无损且能得利。朱克靖与省方数要人面谈。

陈毅还请韩国钧出面调停，在致韩国钧、黄

逸峰及苏北绅商代表们的信函中建议：召集苏北军事会议，停止摩擦，实现和平，共同分配抗敌任务，发动大军加强对日伪之打击。李明扬、李长江也加入苏北绅商各界的驱韩攻势。

9月27日，由黄逸峰出面召集苏北军民代表会议，以便各方议和。会议在姜堰镇中心坝口背河临街的曲江大酒楼举行。陈毅、朱克靖、管文蔚下榻于此，参加和谈。而和谈关键的一方韩德勤，却拒不派代表出席。韩德勤还在会议的前一天给韩国钧打电报说："新四军如有合作诚意，应首先退出姜堰，再言其他。"

很显然，这是韩德勤玩的一个花招。陈毅识破了韩德勤的阴谋，采取了出乎意料的对策。陈毅立即邀请各方和议代表开会，慷慨陈词，声色俱厉地呼吁："我军为达到苏北抗战合作的目的，愿意退出姜堰。只求有利于抗战，有利于人民，我军虽血涂四野，万死无辞。但求对方诚心履行诺言，不再逼人过甚，不逼我们退到黄河以北，如省韩必欲置我军我党于死地，只有出于自卫一途。即是说我军退到黄桥，决不再退！"

会议结束后，陈毅叫住朱克靖和黄逸峰，对他们说："韩德勤今天在东台召开了旅以上军官参加的会议，研究进攻黄桥的计划。请克靖兄连夜赶到泰州，再去联络李明扬，一是请李明扬向韩德勤作最后呼吁，二是通知李明扬、陈泰运来接管姜堰。"

朱克靖和黄逸峰等人去曲塘，进一步说服陈泰运坚守中立，得到了陈泰运的承诺。随后，朱克靖又从曲塘赶到泰州，向李明扬转达陈毅的两条意见。

事实上是当新四军退让姜堰求和之日，韩德勤以 26 个团 3 万多兵力南下，要与新四军决战。陈毅急派朱克靖去泰州见李明扬，派黄逸峰去见李长江，做"二李"的工作，争取"二李"中立。

朱克靖于姜堰会后，由姜堰名宿胡炳衡、蔡达人、潘伯荣等陪同，星夜兼程乘大汽艇到曲塘，送给陈泰运几百支枪，同陈泰运会谈，要求陈泰运能顾全抗日大局，在苏北争端中严守中立，得到了陈泰运的首肯。

朱克靖一行又换乘小汽艇赶至泰州见李明扬，带去几百支枪作礼物。李明扬从曲塘参加韩德勤召集的军事会议驰回泰州，副官报告朱克靖到了。李明扬忙说："有请，我正要找他。"

朱克靖说明新四军将让出姜堰，由李明扬部接防。请李明扬总指挥作最后呼吁和平之斡旋。李明扬得到姜堰，非常高兴。他说，"我去曲塘参加了韩德勤召集的军事会议"，随即拿出一份电报给朱克靖看。朱克靖一看，竟是韩德勤 9 月 30 日发出的进攻黄桥的作战命令。

朱克靖看了一遍，默记于心。回到旅店，他急忙草拟电文，将上述情报报告新四军苏北指挥部陈毅司令员。

管文蔚与李明扬深夜在溱潼镇西南的溱湖上秘密见面，将陈毅的信交给李明扬说："看来，韩德勤铁了心要来打我们，请总指挥指教我们应该怎么办？"

李明扬看了信答道："只好打了，他打你，你不打怎么办？"

管文蔚说："总指挥所言极是，只好打了。陈司令希望总指挥信守中立。"

李明扬爽快地表示严守中立。

管文蔚诚恳地说："总指挥只要严守中立，就是立了大功。陈司令的为人总指挥也是了解的，新四军决不会打有功之人，胜利后我一定与陈司令来泰州面谢。"

由于陈毅、朱克靖、管文蔚、黄逸峰等人卓有成效的统战工作，韩德勤陷入孤立被动的困境。

韩德勤自以为得计，电令所部向黄桥"进剿"，扬言："把苏北新四军赶到长江里去喝水！"

新四军苏北指挥部也做好了与韩德勤决战的准备。

粟裕判断顽军向新四军大举进攻时，尽管对"二李一陈"的统战工作已做到了家，仍不免有些担心，中间势力总有一定的摇摆性。

陈毅决断地说："泰州方面，我和朱克靖顶着。黄桥就交给陶勇。"

陈毅、粟裕随后召集各纵队领导干部开会。粟裕在会上宣布了作战计划，大家很快统一了认识。叶飞、王必成、陶勇相继表态，誓死保卫黄桥，坚决打好这一仗！

陈毅派朱克靖到泰州李明扬那里，一定要使

“二李”保持中立，派黄逸峰到曲塘劝说陈泰运不受韩德勤的指使。

战役开始前，陈泰运部几千人来到离黄桥 25 公里的地方，派一个副官出面向新四军要枪。陈毅派朱克靖到陈泰运部，表示支持他们抗日，给了他们 200 条枪，他们才走开了。

李明扬部 4 个团驻扎在离黄桥 10 公里的地方，实际上是坐山观虎斗，待机应变。

粟裕在黄桥前线负责战场指挥。陈毅指挥部在严徐庄，掌握全局，各纵区及黄桥、泰州电话线都通往这里。黄桥民众全部动员起来，支援新四军作战，保卫黄桥。朱履先老先生亲自上街动员商户，制作黄桥烧饼支援前线。

按照粟裕的作战方案，陶勇的部队誓死保卫黄桥，血战城东。陶勇赤膊挥刀，冲锋在前，战士们人人奋勇争先，把攻进黄桥的顽军击退。

朱克靖坐镇李明扬司令部，寸步不离并与陈泰运保持电话联系，说服他们按兵不动。

李明扬、陈泰运虽然声称保持中立，但态度仍随着战事的变化而摇摆不定。

朱克靖打电话向陈毅报告说:“李明扬午后听说黄桥吃紧，就闭门不出，谢绝见客。李长江的佛堂里有南京来的和尚，兴化来的参议，进进出出。”

此时，黄桥前线负责指挥的粟裕已安排江南援军老四团顺利通过“二李”防区，到达了黄桥指定地域。待韩德勤顽军主力独立第6旅全部进入叶飞部队的伏击地域后，全歼了独立第6旅，中将旅长翁达只好畏罪自杀。

李守维部也是韩德勤顽军的主力，企图困兽犹斗，敌我双方展开彻夜激战。10月4日夜里，朱克靖和李明扬都坐在电话旁边，两个老朋友各怀心事等待着电话。

10月5日，李守维的第89军被新四军分割包围于黄桥以北野屋基一带，军部被新四军叶飞部打散，军长李守维仓促间下令全军撤退，因纪律不好，被新四军蜂起追杀，大部被歼灭。李守维随乱军溃逃经八尺河时，失足落水，淹死在小河沟里。

黄桥战役全歼韩德勤部12个团1.1万余人，新四军完成了向北发展、巩固苏中和苏北敌后抗日根据地的任务。

黄桥一战是新四军被迫于大江南北走投无路时的抗日自卫战争，这一胜利，主要归功于陈毅的文韬武略，粟裕的指挥艺术，新四军将士们的英勇牺牲。同时，正如一些著作指出的，也“与朱克靖卓有成效的统战工作是分不开的”。

黄桥决战后，苏北地区敌、顽、友、我4个方面的力量对比发生了重大的变化。新四军打败韩德勤后如何实现团结合作共同抗日，形势仍然十分复杂。必须做好统战工作，打赢政治战，才能得到各界拥护，取得苏北抗日的领导权。为此陈毅急派朱克靖赴海安拜会韩国钧。

朱克靖在战事结束后当即由泰州直趋海安拜会韩国钧。韩国钧宅居海安东街，朱克靖与韩国钧书信往来已有多次，但见面则是第一次。朱克靖对韩国钧执礼谦恭，尊称紫老（韩国钧，字紫石），代表陈毅将军致以敬慕慰问之忱。二人略事寒暄，即谈时事。韩国钧爱谈、健谈，因而涉及的范围较广。

韩国钧对中共坚持抗战、团结进步的总方针，极为欣慰。对西安事变的和平解决，则认为中国自有党派斗争以来，从未有如中共以国事为重而对其他党领导人采取如此宽大政策者。

朱克靖向韩国钧说明黄桥决战，李守维全军覆灭，自身投水溺毙的情形。

朱克靖说："此来任务除致敬老人外，就是要以我方一贯团结抗战民主方针，乞为转达当道。今后苏北局势的变化不决定我方，而决定于省韩是否放弃其反共倒退的政策为断。"

以后有一段时间朱克靖长住韩宅，与韩国钧同桌共食，朝夕相处，促膝谈心。韩国钧在与陈毅、朱克靖等人的交往中，改变了对共产党的看法，对陈毅、朱克靖的文才学识也很敬佩，他们之间建立了深厚的友谊。

10月9日中午，陈毅率苏北指挥部机关及直属部队，到达海安城外，略事休息，即举行隆重热烈的入城仪式。陈毅、叶飞、管文蔚、惠浴宇等人由朱克靖陪同，到韩国钧公馆向老人致敬。

韩国钧在与朱克靖交往中，以他饱经百年世变、富于经验阅历的眼光来观察中共，常常于闲谈中透露出他对中共的看法："今后领导中国革命成功者必是共产党，因为中共深得民心也。"

06 巩固敌后，投身政权建设

重建新四军　解散服务团

黄桥战役后，中间势力如“二李”、陈泰运、薛承宗等心情非常复杂。一方面，他们眼看着韩德勤的力量垮掉了，内心很高兴，也想尽可能多占一点地盘。另一方面，见新四军越来越强大，怕自己随时有被吃掉的危险，心怀疑惧，惴惴不安。

朱克靖秘密了解到，黄桥战役结束后，“二李”在官邸开了一次秘密会议，研究今后苏北的形势，其所属各纵队的司令都参加了。

在这错综复杂而又尖锐的三角斗争形势下，

新四军只有继续与日伪军和坚持反共的顽固派进行有策略的斗争，战胜他们，并继续团结好李明扬、陈泰运等中间派，才能巩固、完善、发展苏北根据地。

李明扬和黄逸峰恳谈，提出最好是由新四军、“二李”、陈泰运和薛承宗保安旅等部，联合组建一支三方都信得过的“中间部队”。

陈毅找朱克靖、管文蔚几个人商量此事，认为此举可以利用。陈毅说：“我们坚持抗日统一战线，绝不是权宜之计。接受‘二李’和陈泰运这一要求，有利于进一步打消他们的疑虑。”

经中共中央同意，陈毅指示黄逸峰负责筹建这支部队，番号可以用李明扬、陈泰运的，黄逸峰将此决定告诉李明扬。

陈毅召集朱克靖、黄逸峰、季方等人，谈了恢复南通地区的想法。通（通州）如（如皋）海（海门）启（启东）一带原是国民党江苏省第四专区，驻防的部队大都是地方武装，大约有 3 万人。他们慑于新四军的声威，纷纷派代表来与新四军联系，表示愿意接受领导。

陈毅为了揭露苏北摩擦真相，决定和韩德勤谈判，要求韩德勤保证分区抗战，不再有破坏抗战和反共行为，建议召开韩德勤、李明扬、陈泰运和新四军四方和平会议。10 月 14 日中共中央同意并指示中原局，“建设苏北根据地是很大的工作，同意陈毅统一苏北军事指挥，同意胡服（即刘少奇）去苏北与陈会合，布置一切”。

根据中共中央指示精神，陈毅于 10 月 19 日派朱克靖赴泰州见李明扬。朱克靖和李明扬面谈时，重申新四军合作抗敌的立场，请李明扬出面斡旋和平，并托李明扬向韩德勤提出 5 点意见。韩德勤把朱克靖转达陈毅的 5 点意见报告蒋介石，并准备同意分区抗战。

10 月 24 日，李明扬带了一批随从人员来到海安，李明扬到韩公馆见了陈毅和韩国钧。

李明扬说：“我和朱克靖商谈后，专程赶去见了韩主席，转达了新四军和韩紫老的想法。韩主席原则上赞成新四军所提的 5 点意见。至于冷欣（时任国民政府江南行署主任）在皖南皖北包围进攻新四军的问题，则请具体指明地点和部队番号，以便请蒋出面制止。”

陈毅和朱克靖、管文蔚等研究后认为，不论韩德勤是否真有诚意，他能作这样的初步表态，愿意坐到一起谈判抗日问题，总还是比较好的。遂就召开苏北抗敌和平会议的具体方案问题，和李明扬、韩国钧进行协商。谈了整整一天，对会议有关事项基本上取得了比较一致的意见。

经过一天的协商，决定由李明扬、韩国钧发起召开苏北抗敌和平会议，会议地址选在田塘，并邀请了苏北各军政首领及地方乡绅。

10月30日，新四军代表陈毅、管文蔚、朱克靖，八路军南下部队代表，税警团、保安旅代表，12个县的代表，韩国钧、朱履先等30余人，齐集曲塘，称为曲塘议和。

会议公推韩国钧为主席。会议采取民主自由发表意见的方式，因此各方代表均慷慨陈词，对苏北抗战、合作民主的意见颇为一致。陈毅说明新四军被迫渡江孤军抗战、委曲求全的苦心孤诣，取得各方代表的感慨与同情。

大会开了一天，通过了9项提案，其中最重

要的是抗战合作，实现民主政治，改善人民生活，保障人权财权，停止一切反共行为。最后通电要求重庆及省韩实现这 9 项提议，作为解决苏北问题的方针。

当时，新四军在苏北成功开辟了根据地，需要建立各级政权。但是又不可能要求国民党政府委派，只有用参议会的办法，广泛团结各阶层人民，选出政权机构，取得合法地位。1940 年 11 月 15 日，苏北临时参政会在海安召开。参加的有江都、兴化等 14 个县，出席代表 300 多人，共产党员仅占 1/5，其他包括各党派及各阶层人士，尤以上层人士居多数。新四军方面刘少奇、陈毅、粟裕、朱克靖等高级将领参加。

会议通过了《施政纲要》，选举韩国钧为名誉议长，黄逸峰为议长，朱克靖、朱履先为副议长，管文蔚为苏北临时行政委员会主任。会议最后通电要求重庆及省韩实施这 9 项提议，作为解决苏北问题的方针。如苏北临时参政会的议长黄逸峰，副议长朱履先，当选为参政会大会主席团成员；共产党员朱克靖当选为大会主席团成员，并当选为副议长。

苏北参政会的召开，也是新四军统一战线工作的又一成果。

此后，中共中央同意刘少奇的建议，于 11 月 17 日在苏北海安城的西寺成立华中新四军、八路军总指挥部，叶挺为总指挥，陈毅为副总指挥，刘少奇为政治委员，赖传珠为参谋长，邓子恢为政治部主任。在叶挺过江到苏北前，陈毅代理总指挥。23 日刘少奇、陈毅和华中总指挥部机关离开海安移驻盐城。12 月朱克靖、宋裕和、何士德等新四军军部干部先后途经澄西地区向苏北转移。

朱克靖继续贯彻执行党所规定的抗日民族统一战线的政策和策略，协助陈毅做统战和联络工作，经常冒着各种风险，独闯敌营，获取一些重要情报。

从新四军进入苏北，经过泰州谈判、黄桥战役、曲塘议和，到苏北参政会，新四军在苏北的统一战线工作取得了伟大的成绩。

1941 年 1 月 4 日，朱克靖正在盐城华中指挥部，大家获悉了叶挺军长、项英副军长自皖南转道江南北来的消息。到了 6 日，知道皖南军部已到了茂林，此后数日就消息杳然。后来才知道，蒋介石密令国民党军队7个师8万余人，把奉命北移的新四军军部及所属皖南部队9000余人在途经安徽泾县茂林地区时包围得水泄不通，动用了飞机大炮残杀抗战的新四军。军长叶挺被扣押，政委项英牺牲，除2000余人突围外，数百名青年抗日优秀干部和数千名战士壮烈牺牲或被俘，史称“皖南事变”。

朱克靖对蒋介石国民党军制造皖南事变的罪恶行径非常愤恨，对老友叶挺军长被囚深为悲痛，怒斥蒋介石制造皖南事变的倒行逆施。

朱克靖悲愤地指出，当新四军以万死不辞的精神保卫祖国的时候，自然是谁也不会而且不忍这样去预料和猜想，蒋介石到后来竟会下“一网打尽、生擒叶项、聚歼新四军”这样一个毒辣的替日军打天下的密令。

2月初，中共泰县县委在海安召开党员干部会，陈毅在会上作了抗日形势的报告，朱克靖作了皖南事变情况的报告。皖南事变后，中共中央决定在盐城重建新四军军部。新四军战地服务团撤销，人员分配到各师战地服务团。朱克靖离别战地服务团，转做地方工作。

3月，为了适应敌人分割、封锁新四军苏北根据地的情势，中共华中局决定实行小省制，便于各区独立主动地坚持斗争。

全苏中从西向东，依次划为第一、第二、第三、第四共4个行政区，建立中共地委和行政公署。经中共苏中区委研究决定：如西等地为三地委，由韦一平、叶飞负责。

1941年3月，中共苏中第三区委员会成立，叶飞、韦一平、朱克靖、张藩、陈玉生、阮英平为委员，一旅旅长兼政治委员叶飞为书记。

韦一平是广西壮族人，任苏中三地委书记兼军分区政治委员。朱克靖和韦一平经历相似，都是大革命洪流中的健儿、北伐军的将士，现在又并肩战斗在新四军抗日战场，增进了战友情谊。

4月，朱克靖任第三区行政专员公署专员，主要负责地方政权工作。

战争年代，对敌斗争是第一位的。为了保卫抗日根据地，坚持敌后长期斗争，苏中三分区在叶飞和朱克靖等同志领导下，把建立和发展地方武装作为根据地工作的一项主要内容。第三分区发动群众建立地方武装组织，只要愿意抗日，都可编入自卫队。以分区警备旅 5 个连分别编入如西、泰县、泰兴、靖江警卫团做骨干，迅速将各县警卫团建立起来。各团团长和政委由各县县长、县委书记兼任，由一旅派出团、营、连、排各级干部百余人，去各县警卫团工作。各县警卫团成立后，发展很快。每个团有 2 个至 3 个营，到 5 月底就发展到 4000 人的规模。大部分编为地方武装，一部分补充主力部队。各县警卫团在县范围活动，坚持游击战争。不脱产的群众武装自卫队即民兵，也随着减租减息群众运动深入而迅速地发展起来。

6 月，苏北日军独立混成第 12 旅团纠合伪军开始对四分区“清剿”，7 月又转为对苏中第四区“清剿”。根据苏中区党委、一师、苏中军区联合发出的关于反“清剿”的指示，坚持苏中斗争，争取反“清剿”的胜利。

苏中军民在反对日伪“清剿”的同时，还与国民党顽固派军队进行了针锋相对的斗争。在这方面朱克靖继续发挥独特的作用。

在对日伪军的严酷战争中，朱克靖作为三分区专员，站在斗争第一线，配合三地委书记叶飞同志，在建设抗日武装，保障部队供给，动员群众支援战争，组织群众参加战争方面，不辞劳苦，做了大量的工作。朱克靖对工作认真负责，对战友、同志、朋友，热情关怀，以诚相待，为人宽厚儒雅，给战友留下深刻的印象。

扎根三分区　巩固我政权

1941 年 5 月，朱克靖在三分区县委书记联席会议上作了《发动群众与统一战线》的报告。经过一段思想上、组织上的准备工作，在全区范围内实行“新乡制”，废除旧政权的“保甲制”，乡下面设村，乡长和村长均由人民群众公开选举。照顾到农民的文化水平，选举时采取投豆子的办法，在每个候选人的身后放一大碗，想选谁就在谁身后的碗中投黄豆，以得黄豆数的多寡决定谁当选。“新乡制”的实行，使得基层政权牢固地掌握在我党领导的抗日积极分子手中，铲除了“伪化”的社会基础，扫除了“地头蛇”，实现了人民当家作主，深得广大群众的拥护和支持。

在政权建设中，三分区一开始就注意吸收各阶层人士参加政权工作，比较认真地执行政权中的“三三制”政策。对那些干过坏事的士绅，一面进行严肃而适当的批判斗争（主要是劝他们保持好民族气节），促使他们悔过自新，走抗日之路；一面持欢迎态度，在参政会里保留他们的一席之地。这种既斗争又团结的政策，对教育和争取地主阶级中一些做过坏事的人起了良好作用。

朱克靖作为苏北临时参政会副议长和三分区专员，对各县参政会工作特别关心。三分区如皋、泰州、泰兴、靖江 4 县，陆续成立了参政会，各县开成立大会时朱克靖专员均到会讲话。6 月上旬，泰兴县参政会在二区安乐桥召开成立大会，参加会议的有 268 人，朱克靖在会上作了《还政于民》的报告，对开征公粮、减租减息政策作了较为详尽的说明。会议讨论通过了《泰兴县参政会组织章程》，以不记名投票方式，选举泰兴民主人士、教育家、中学校长刘伯厚为议长，黄云祥、陈六中为副议长。如西县（今如皋市）的参政会先后 3 届开了 5 次大会，每次朱克靖都到会讲话。

1942 年 11 月 15 日至 19 日，如西参政会召开第二届参政会，朱克靖到会作政治报告。这次参政会的主要议题是动员减租减息和动员广大群众进行反伪化斗争，扩大边沿地，巩固根据地。因为参政会的成员来自社会各阶层，观点分歧很大，有时达到相当激烈的程度。减租减息直接关系到农民和地主的利益，而参政员中这两方面的代表都有，朱克靖以马克思主义观点，结合如西县的情况，深入浅出地讲解地主农民的主仆关系，得出农民养活地主的结论。通过讨论争辩最终能够统一认识，做到和衷共济团结抗日。1943 年秋，三分区建立了参政会，会上一致选举朱克靖任参政会会长。

抗日根据地建设，关键在于发动群众，首先是发动农民群众。中国共产党在抗日根据地实行的土地政策是抗日民族统一战线的政策，这就是一方面减租减息，另一方面缴租交息。从 1941

年春天起，三分区党和军队的工作重心逐步转到农村，发动群众开展减租减息运动，便成为第一位的工作。抗日民主政府颁布了“二五”减租条例，规定从 1941 年夏季起，地租按抗战前的租额减去 25%，利息最高不得超过一分半。这项规定被称为“二五减租”和“分半减息”。在叶飞、朱克靖领导下，从党政机关和部队中抽调了大批干部，组成民运工作队，分头深入农村，对贫雇农进行耐心细致的启发教育，帮助基层党组织，发现培养积极分子。同时，通过行政系统，由县、区到乡、保，张贴、散发、宣传政府发布的减租布告。广大农民处于长期封建压迫下，思想包袱较重，不知“二五减租”是真是假。有人担心新四军来了搞减租，新四军一走地主要倒算。三分区选择典型，展开面对面的说理斗争，指出“二五减租”是孙中山先生最先倡导，抗战初期国民党政府也宣布要实行的。当前日寇入侵，国难当头，农民出力抗敌，贡献甚大，凡爱国士绅都应体恤民情，深明大义，以国家民族利益为重，实行减租。这一运动灭掉了反动地主的威风。

1942 年 1 月 20 日至 3 月 5 日，中共中央华中局第一次扩大会议在阜宁县立单港初级小学新校舍里召开。中共中央华中局委员朱克靖参加了会议。

会议期间，陈毅要陈丕显、钟期光和管文蔚分别汇报苏中地区的斗争情况。管文蔚和朱克靖一起研究，总结了苏南和苏中敌、顽、我三方斗争的情况，列出主要内容，由管文蔚执笔写出了发言提纲。再请陈毅审查同意后，由管文蔚在会上作了汇报，重点是谈苏中抗日根据地的开辟过程和建设现状。陈丕显和钟期光也分别作了汇报。

为了贯彻华中局扩大会议精神，苏中区党委召开了 3 次重要会议，对精兵简政、“三冬”（冬防、冬学、冬耕）工作、军事建设以及党政军一元化领导等问题，确定了具体方针和实施步骤。

根据华中局、苏中区党委会议精神，一旅、三地委、三分区于 9 月中旬在如西县东燕庄召开联席扩大会议，由叶飞主持，讨论决定党的一元化领导和主力地方化的实施方案。12 月，叶飞任中共苏中第三地委书记兼苏中军区第三军分区政治委员，许家屯任副书记，朱克靖仍任专员，刘季平为副专员。

在使用干部上，朱克靖坚持任人唯贤的原则，重视发展进步知识分子参加革命队伍。苏中中学校长盛易柏，江苏靖江人，是个进步知识分子，朱克靖对他很器重，多次与他交谈，争取他加入革命队伍。盛易柏的堂弟盛仁东担任过国民党靖江县党部书记长，是一个坚持抗日进步的人士。朱克靖到靖江做盛仁东的工作，争取他到共产党方面来。盛仁东后来被任命为三分区专员公署秘书主任，积极参与工作，后来主动提出加入中国共产党。

1943 年 2 月 8 日，泰兴县参政会驻会委员暨各区议长 10 多人，携锦旗 3 面，于 10 日抵三分区司令部，向分区首长献旗。献给叶飞的旗是“革命导师”，献给陈玉生的旗是“江淮保障”，献给朱克靖的旗是“民主保姆”。县议长刘伯厚在致辞中表示永远团结在新四军周围。

1943 年夏，在中国共产党领导的敌后抗战如火如荼之时，国民党顽固派又掀起第三次反共高潮。面对国民党顽固派的倒行逆施，在朱克靖指导

民主保姆

下，如西参政会召开紧急会议，各界人士商讨如何制止内战、维护抗日民族统一战线、完成抗战大业。会议决定以如西县参政会的名义给蒋介石发电，奉劝蒋介石以抗战大业为重，撤回包围陕甘宁边区的20万军队，维护国共团结。

1944年1月，三专署组织临时法庭，由专员朱克靖任审判长，分别在泰兴县（今泰兴市）十区鞠家庄和六区宣家堡召开群众大会，审理反动派组织“抗盟”江苏省委书记钱葆康等22人，根据他们的犯罪事实，判决钱葆康有期徒刑10年。其余罪犯视其罪行及坦白程度，分别给予处理。

2月，朱克靖在地委扩大会上作了关于改造基层政权总结报告。报告分5部分，论述了履行基层政权的重要性，三分区改造基层政权的基本情况与教训，改进工作作风以及对本年度民主建设的建议。

11月7日，朱克靖在《江潮报》发表题为《两个对照》的庆祝十月革命27周年纪念日感言，文章将苏联与中国情况对照，揭露国民党政府一党专政、个人独裁的政策，它极尽压制抗日、残害人民之能事。它的“政令”是害民祸国的政令，简直是中国古代专制时期昏君奸臣的“乱命”。国民党中央军是反对人民、勇于内战而怯于外战的军队；以蒋介石为首的统帅部是失败主义的统帅部，是丧师失地的统帅部。中共所领导的八路军新四军，是人民的军队，抗日的先锋，民族的长城。敌后抗日民主政府是人民的政府。全国人民及一切抗日党派，抗日军队，一致联合起来，行动起来，向国民党专制独裁政府及其失败主义的统帅部进军，要求立即实现中共抗战民主团结的主张。只有这样才能驱逐日寇出中国。

11 月 11 日，紫石县（今海安市）第一届参政会在莫家庄一个大庙举行。会议开了 3 天，14 日由朱克靖专员作长篇报告。11 月 25 日，《江潮报》刊发《朱克靖专员在参政会上指示紫石县工作》的报道：紫石县参政会在 14 日请朱专员作政治形势和当前任务的报告，一共报告 5 个钟头，每位参政员都聚精会神地听，一位老先生说，“这样的报告，听三天三夜都高兴”。

泰兴县在幕圩中学召开全县参政会，建立统一战线，不少民主人士和教育部门的知名人士参加参政会，朱克靖也到会作时事报告，受到大家的热烈欢迎。

法制建设是地方民主政权的重要方面，朱克靖作为苏中第三分区专员，关心法制的建立和完善，注意通过法制保护民众的权益。

当时专署设司法科，县、区有司法股，区、乡有调解委员会，实行专署、县两级审判制度。朱克靖专员对司法工作经常给予具体指导。专署制定了赎田条例、雇工条例，保障减租减息中农民和雇工的权益。朱克靖注意吸收地方民主人士和民众代表参与法制建设，听取他们对司法工作的意见。他在工作中坚持真理，有错必改。

朱克靖非常注重教育。在他主张和支持下，三分区各县设立乡村师范学校，为基层培养师资。在朱克靖身边工作的三分区秘书主任盛仁东说："朱克靖是个了不起的人，我很敬佩他。他担任三分区专员，威信很高。他为人正派，博学强记，书读得多，诗词歌赋，中外历史。他有学问，有气派，真正为人民服务，没有私心杂念；工作深入调查研究，别人解决不了的问题，他可以解决；别人没想到的地方，他想到了。对任何同志都真诚热情，不随便发言，不随便批评人。他有很高的理论水平和政治水平，学识渊博，很是少见。”

策反伪顽军　出色做统战

中共中央华中局决定留朱克靖在苏中，是考虑到有利于继续做好韩国钧、朱履先、李明扬等上层人士的统战工作。黄桥战役后，新四军主力北上，日军再次进占海安。韩国钧避居海安镇北 10 多里的徐家庄。日军和汪伪都找到韩国钧，包围老人住地，威逼他出任江苏省省长。韩国钧大义凛然，拒绝出任伪职，怒斥敌伪说：“老朽是中国人，宁死不当一天亡国奴！”

朱克靖不断关心和看望苦闷无助的韩国钧老人。最后一次拜会老人，是在 1942 年 1 月，朱克靖奉陈毅之命去徐家庄为老人祝寿。朱克靖还没进村，遥见老人皤首银须飘飘然，迎于庄外半里许的一丛青松翠竹下面。一则韩国钧老人事先知道朱克靖要前来拜寿；二则海安沦陷后老人寂居乡下，得知朱克靖此次来看他未免视为空谷足音，跫然可喜，故此远候于庄外。朱克靖和韩老回到住所后，说明来意。韩国钧老人详细询问各方情况，并问陈毅军长好，然后坚决地表示说：“非等到把日本鬼子赶出中国，收复了海安后，我是决不做寿的。喂！幸好我还活着，没有死呢！假若真死了的话，我还可以得到重庆3万元的抚恤费啊！”

1942年1月23日，韩国钧在日伪威逼下，忧愤辞世。朱克靖怀着痛惜的心情，代表陈毅、粟裕、管文蔚在老人灵前祭奠。朱克靖内心怀着无限的痛悼和感慨，默默地祝告慰藉着老人的英灵：我们今日可以告慰老人于九泉之灵，苏北今后永远是中国人民的苏北，永远是民主自由的天下，老人九泉有知。

朱克靖和朱履先一直保持联系。新四军主力北上后，日军乘虚进占黄桥，日军慕名而来拜会朱履先，朱履先在朱家大门口贴了“禁止军队骚扰”的告示，借此掩护新四军干部。苏北新四军遇到粮食困难，部队吃饭成了问题，朱克靖提议找朱履先想办法。1941 年春节后，朱克靖通知朱履先第二天到乡下一个村庄。陈毅、叶飞、朱克靖等都在，黄桥决战后他们是第一次见面，更感亲切。陈毅告诉朱履先，苏北抗日民主根据地刚开辟，有许多难以预料的困难，特别是粮食征不到，朱履先向陈毅表示："共产党在这样艰苦的环境中坚持团结抗日，我决心跟共产党同甘共苦走到底。开辟抗日根据地的困难，我尽力设法帮助解决。"朱履先回到黄桥，很快筹集到 7 万多斤大米送到根据地。

1943 年陈毅在离开苏北根据地赴延安之前，专门找到朱履先，郑重地对他说："你应该加入共产党了。"由叶飞、朱克靖做介绍人，经陈毅和华中区党委组织部部长曾山批准，朱履先成为中共特别党员。

朱克靖对老友李明扬和李长江、陈泰运的统战工作，也从未间断。李长江投敌后，鲁苏皖边区游击总指挥部总指挥李明扬率领千余人离开泰州，继续打着抗日旗帜，活动在泰州以北唐家甸子一带。陈泰运部一个团投降日伪，只剩 3 个团，李、陈部队和张星炳的保安第3旅，趁黄逸峰的“联抗”部队到军部整训之机，占了“联抗”的部分地盘，为争夺原防地和李明扬、陈泰运部有些摩擦。1941年年底，苏中新四军代表朱克靖、“联抗”司令黄逸峰和李明扬以及陈泰运税警团的代表，在邓高庄、茅山进行了两次会谈。李明扬重申联合抗日的愿望，提出因国民党不发军饷，希望新四军同意其部队留驻现地，并请新四军给予援助。朱克靖代表新四军表示同意李明扬留驻原地，但要保证不破坏新四军的群众工作，不残害干部百姓，新四军“联抗”部队给他们以经济援助。“联抗”与李、陈保持和平合作，集中力量对付张星炳的保安第3旅。

1942年5月间，陈泰运因重庆和韩德勤两方面都断绝经济供给，经济危机已达极点，有意与新四军合作，要求与“联抗”部队黄逸峰谈判，并要求与朱克靖见面。陈毅指示朱克靖速到“联抗”，与黄逸峰代表新四军同陈泰运作进一步谈判，争取其进一步与我合作，如陈泰运有诚意，可以援助他。陈泰运税警总团第一团团长陈振是一个爱国青年军官，处在爱国有心壮志难酬的境地，通过在该团做宣传工作的新四军人员的介绍，认识了朱克靖和黄逸峰，得到朱克靖和黄逸峰的引导和帮助，思想不断进步，深感跟着共产党新四军才能救中国，要求加入中国共产党。后由朱克靖、黄逸峰介绍，经华中局粟裕批准，成为中共特别党员。

1942年夏收后，三分区军民取得反“忠救军”北窜的胜利。8月初陈毅又指示朱克靖、黄逸峰和李明扬、陈泰运谈判，要劝告李明扬转告李长江、颜秀五、陈才福等伪军头目，不要助敌为虐，宜切实联络，互保抗战实力，以不互相攻击、不下乡骚扰为条件，有战事打假仗，互相通报。劝李明扬研究过去的教训，切实订出掌握部队的方法，新四军愿同他的苏鲁皖部队订抗战合作，以及抗战后长期合作条约，在江苏问题上愿意帮助他成为中心势力。

苏中有日军8000余人，伪军3.5万余人。日军对伪军采取分化政策，利用伪军之间的矛盾进行统治。苏中党政军领导机关把争取伪军工作放在重要地位，视为争取反清剿胜利的重要一环。从

1942 年起，在苏中区党委部署下，派出朱克靖、黄逸峰等人，去做李长江、颜秀五、杨仲华的争取工作。按照对伪军工作“打击新派，争取旧派”的斗争策略，苏中区在旧派伪军中开展上中下层各种工作，竭力与上层扩大交往，与他们约定，双方保持现状；派一大批可靠的干部打入伪军内部，用秘密委任方式订立秘密反正协定，个别发展组织。采取多种方法，与伪军士兵交朋友，进行民族气节教育和阶级教育。在联络工作的基础上开展组织工作，秘密发展共产党员。经过大量艰苦的工作，一些伪军暗中改变了态度，为新四军提供情报，购买军工器材、药品，保护交通运输，掩护新四军干部。

苏中区党委遵照华中局的指示，于 1943 年 1 月 6 日就组织敌伪军工作机构和敌伪军工作的任务作出决定，把加强敌伪军工作作为坚持原地斗争、准备将来反攻的大事来抓。

苏中三分区伪军最多，有 1.3 万余人。三分区军政委员会下设敌工委员会，由朱克靖任主任，陈玉生任副主任。在朱克靖主持下，根据上级党委及地委关于反“扫荡”的指示，地委敌工委员会为开展反“扫荡”中的对敌伪政治攻势，特作如下指示：

（一）对敌政治攻势是在敌后斗争环境日益艰苦，对敌大规模作战的可能性日益减少，为抓住敌人在政治的弱点在敌人内部发展积蓄和生长抗日力量。

（二）要从政治上重视这个工作。改变政治攻势只是敌工部门工作的观点，各级党委应积极动员组织党政军民各部门。特别是宣传、敌工、锄奸等部门，密切配合，一致进行这一工作。

（三）对敌政治攻势的宣传方针是：在敌伪内部散布失败主义，打击敌人的战斗意志。

三分区敌工委开展对伪军的工作，成功地组织了伪 19 师一个警卫连反正；伪 34 师副参谋长施亚夫（地下党员）和政工干部李友白、石坚策动一个营起义，后成立了“苏中人民抗日自卫军（南）通如（皋）纵队”；策动靖江保卫团陶明德反正，伪独立旅旅长孔瑞五曾送我军两门炮和一连人的枪。同时对伪 19 师师长蔡鑫元、伪 24 师师长颜秀五、伪25师师长丁聚堂、伪26师师长陈才福、伪34师师长田铁夫、伪独立旅旅长孔瑞五等，以及团、营、连伪军官均做了大量联络工作，使其为我军购买军工用品、医药、器材提供了方便，并掩护我军工作人员送情报，掩护我军过封锁线等。

朱克靖冒着风险，单人匹马直闯伪第1集团军司令部，当面对李长江做深入细致的争取工作，向李长江说明太平洋战争爆发以后的战争形势，并晓以民族大义，劝他不要再助纣为虐帮日军残害抗日人民，要他认清形势为自己留条后路。经过一段时间的争取工作，成效很显著。李长江表示愿意靠拢新四军。

10月中旬，日军发现杨仲华和国、共方面有联系，便将其扣押。新四军则利用杨仲华被扣事件，在伪军中开展工作，加剧日伪之间的矛盾，争取更多的伪军靠拢新四军。

朱克靖有丰富的统战工作和对敌工作经验，深受从事统战工作和对敌工作的同志的尊敬和爱戴。朱克靖身为三分区专员兼敌工委主任，不辞劳苦，不怕牺牲，经常出没于敌伪封锁线上，了解敌情，掌握时机，指挥在伪军内部的斗争，使敌伪不断受到沉重打击。

1942 年，四地委转交三地委一个工作关系，是伪 34 师副师长兼 135 团团长施亚夫。施亚夫 1928 年加入共产党，见过陈独秀，后失掉组织关系，抗战开始他拉起一支武装部队，和四地委建立了联系。后来由于施亚夫团调防到三分区如皋、黄桥一带，四地委敌工委把这个关系介绍给三地委敌工委。

朱克靖亲自做施亚夫的工作。施亚夫思想转变较好，靠拢中国共产党，1942 年重新入党。施亚夫向朱克靖表示，要把队伍拉过来参加新四军。

朱克靖根据陈毅指示精神，要施亚夫暂缓起义，在敌人内部起作用。朱克靖与施亚夫保持单线联系，信件均用代号。施亚夫要求新四军派干部加强他的团。朱克靖问：“要多少？”施亚夫说：“一个团机关的架子。”于是，新四军派一批干部到旅亚夫团。

为了控制一支伪军部队，1943 年春，朱克靖根据苏中区党委意图，经与叶飞、谢克西、许家屯等三分区领导同志集体研究，派遣泰县张甸区分队长凌玉斋及其子凌霄云，以“苦肉计”改名换姓，于6月拖枪打入泰州李长江伪部。在凌家父子临行前，朱克靖亲自向他们交代了任务，以伪军的名义，发展地下武装，等待时机，里应外合消灭敌人，还规定共产党员凌霄云要3个月向分区汇报一次敌伪的情况。凌氏父子在泰州城里组建了一个伪军大队，共有100余人，番号由李长江授给，凌玉斋被李长江委任为大队长，新四军秘密派入的曾阿茂同志当了副大队长。此外还派进几名营、连级干部。当时分区亦授予该部以三分区特务团的番号，任命凌玉斋为团长。在此后的一年多时间里，凌霄云先后7次向朱克靖汇报敌伪情况，每次朱克靖听了汇报后，都对战斗在李长江伪军内部的我地下工作者提出具体的指示和要求。

1944年1月5日黎明前，即敌人召集军官开会前4个小时，施亚夫在派入该部的地下党员协助下，率领一个营从如西地区奋力突围，在里应外合下，顺利回到如（皋）黄（桥）线135团团部，宣布起义。苏中军区召开了盛大的欢迎大会。反正部队编为苏北人民抗日自卫军通如纵队，施亚夫为司令。

朱克靖策动施亚夫率伪 135 团起义，对敌人震动很大，动摇了汪伪的内外军心，使日伪之间更加互相猜忌，加深了矛盾。

1944 年，世界反法西斯战争胜利在即。日本帝国主义在国际上非常孤立，处境危殆。中共中央决定扩大解放区，以华中新四军一部向南向东南沿海发展，并指示新四军江北兵力尽可能抽调南下，一切工作首先着眼保证南下任务的完成，争取全面控制苏、浙、皖、闽、赣诸省，使我党我军在举行战略反攻时处于有利的战略地位。

为加强苏浙军区的力量，争取继续南进，遵照中央军委的命令，1945 年 4 月 7 日晚，叶飞率领第 1 旅第 1 团、特务第 2 团、高邮独立团及朱克靖带领的淮海、苏中地区的地方干部 300 多人，组成第二批南下部队，分别从江都地区和靖江地区渡江到达江南。1945 年 5 月 1 日，在临安地区成立浙西区党委，由金明、张彦、朱克靖、顾玉良 4 人组成，金明为书记。同时，成立浙西行政公署，由朱克靖任浙西行政公署主任，粟裕、金明、朱克靖等人组成浙西区财经委员会。

朱克靖在浙西区党委和浙西行政公署的领导下，大力开展新区的建设工作，并以天目山为界，成立了两个地委、一个工委及相应的三个专署。浙西地区已成为一个纵横各 200 华里，拥有人口 100 余万的新解放区。相继建立了 9 个县的抗日民主政权。苏浙军区抽调部分骨干到地方帮助各县、区建立了由几十人至数百人的地方武装、游击队，广泛发动和组织群众，成立了各级农民抗日救国会。浙西解放区群众已初步发动起来。

粟裕指挥新四军南下部队在天目山地区接连打了几个胜仗，击败了国民党顽固派军队来势汹汹的进犯，打开了军事局面，开辟和加强了苏浙皖交界根据地。但是不久，天目山地区新四军部队遇到了饥荒困扰。朱克靖作为浙西行政公署主任，负责解决地区财经和粮食困难，保障部队供给。朱克靖心急如焚，想方设法、竭尽全力为部队筹粮。

1945 年 8 月 15 日，日本投降。艰苦卓绝的抗日战争胜利结束了，中国人民盼望着和平民主的到来。

抗日战争胜利后，根据中共中央指示，位于长江以南的新四军分批向江北转移。朱克靖随苏浙军区部队及地方党政干部北撤过江，回到苏中地区。朱克靖回到苏中后不久，随新四军军部北上，进入山东，军部驻临沂。

新四军在山东重新整编。1945 年 12 月 3 日，中共中央、中央军委决定新四军军部与山东军区合并，统一指挥山东和华中部队。1946 年 1 月，任命新四军军长陈毅兼山东军区司令员，任命朱克靖为山东军区联络部部长，对外以秘书长名义活动。1946 年 5 月 4 日，中共中央华东局党校在山东临沂东面的杨庄驻地举行第一期开学典礼，司令员兼政委陈毅、副政委黎玉、秘书长朱克靖参加了开学典礼。

抗战刚刚结束，人民还没有来得及休养生息，蒋介石就悍然发动了全面内战，朱克靖遵循中共中央新的统战政策，投入了新的统战和联络工作。在鲁南地区，国民党军要打通津浦路徐州济南段，我军面临国民党三路大军的进攻。

07 策反敌顽，就任联络部长

争取郝鹏举　上门做转化

中共中央和中央军委指示陈毅和位于华东的野战军，要提高士气，准备战斗，阻止国民党军北上，消灭国民军主力。要大力开展政治攻势，瓦解国民党军战斗意志，特别要组织国民党军内部起义工作。

根据中央指示，陈毅派朱克靖到国民党新编第六路军军部，去做总司令郝鹏举的统战工作。

郝鹏举，字腾霄，河南灵宝县（今灵宝市）人，生于 1903 年，青年时期参加冯玉祥的西北军任传令兵。他为人阴险狡诈，脾气暴躁，桀骜不驯，反复无常，在苏联基辅红军兵种混成干部学校经常和同学打架，因此常受禁闭处分，后被学校开除、驱逐回国。郝鹏举回到西北军任冯玉祥的侍卫副官。后投靠蒋介石嫡系胡宗南，任军参谋长。

1943 年汪精卫任命郝鹏举为徐淮地区特别行政区长官兼保安司令，驻徐州。徐淮区提升为“淮海省”时，郝鹏举升任省长兼保安司令。到日本投降时，他已手握 7 个师、5 万人的兵力。

1945 年 9 月，蒋介石嫡系第 19 集团军开进徐州，郝鹏举给总司令陈大庆让出省府，陈大庆瞧不起郝鹏举和他的汉奸军队，多方凌辱和责难，双方不断摩擦。陈毅了解这些情况后，立即指示加紧策反郝鹏举，策反工作由中共中央华中分局书记邓子恢和华中军区副司令员张爱萍负责。

1946 年 1 月 9 日，郝鹏举率部 2 万人，在鲁南台儿庄宣布起义。

为了改造郝鹏举部，陈毅派朱克靖作为中共和新四军的代表，率政工干部进驻郝鹏举部。陈毅司令员还指示中共滨海区第二地委书记兼第二军分区政治委员谷牧、军分区司令员王建青，要教育当地干部群众，对起义部队要以诚相待，协助上级做好起义部队的改造工作。

第一批进驻郝鹏举部的政工干部有邓旭初等10多人和一个警卫班。朱克靖到莒县后，带领莒县县委书记孔福亭、县长王子谦会见郝鹏举。朱克靖还向民主联军政治部副主任张润三转达陈毅的问候。张润三是陈毅在中法大学时的老同学，也是中共党员，起义前曾写信和陈毅联系。

为了争取把这支部队拉到革命阵营，莒县县委和各区领导反复向群众解释："要耐心、细致地多做工作，尽快将这支起义部队改造好。"

司令员陈毅还电话通知滨海军分区司令员王建青、政治委员谷牧：郝鹏举部起义，派了朱克靖、刘述周带了几十个人在郝部做工作，这些同志的安全保障由滨海军分区负责。朱克靖作为新四军派驻的政工干部领导人，认真负责，经常和同志们一起研究情况，生活中热心关怀同志。

为了对部队进行教育和改造，必须重新建立政治制度。朱克靖和刘述周拟定了一些办法，但郝鹏举坚决不同意，认为在部队里行不通，于是把新来的政工人员和旧有的混合起来，分配到各师的连队。

但以郝鹏举为首的顽固派官兵，旧军队的恶习未退，对地方政府及群众的真诚相待视若无睹，与地方政府和群众的关系越来越紧张。郝鹏举部反动军官还冒充党组织，手拿登记本公开地说："我是支部书记，谁是共产党员出来登记！"结果有些青年共产党员不小心上了当，黑夜就被活埋了。

新四军派驻华中民主联军的政工干部，在朱克靖领导下，以八路军、新四军的建军原则和经验，本着民主自觉的原则，通过说服、教育的方式，改造郝鹏举部官兵，力图把郝鹏举的旧式部队改造成一支真正属于人民的军队。这些干部分别在民主联军军官教导团和政治部工作。

军官教导团是轮训中高级军官的，设将校班、两个干部大队和政工大队。郝鹏举自任团长，朱克靖任副团长。朱克靖亲自给军官讲课，介绍人民军队的性质、任务和三大纪律八项注意，对军官进行政治形势和政策教育，提高他们的思想觉悟。

在1946年上半年这段时间内，表面上平静无事。郝鹏举也开口进步，闭口革命，花言巧语伪装进步，对朱克靖表面上很尊重，工作上也能合作。但郝鹏举内心对于中共派政工干部改造他的部队越来越害怕，担心不知不觉间部队就会被吃掉，变成红色，从而使他失掉对部队的控制权。改造与反改造的斗争越来越尖锐化。

1946年夏，郝鹏举部星夜行军开到江苏赣榆县境，番号也改为华中民主联军，总司令部设在徐班庄。郝鹏举部夹在国共两军对垒之间，经常观望战局，举棋不定。在人事调动任免上，郝鹏举独断专行，连以上军官由他亲自任免，从不征求朱克靖的意见。情况反映到陈毅那里，自然引起了陈毅的警惕。陈毅就派了2000名新兵去补充华中民主联军，这使郝鹏举更加焦虑。

在朱克靖进驻总部后，郝鹏举就从总部搬到张家围子去住，他的活动中心也转移到张家围子，避开政工干部的视线。同时，竭力阻碍政工干部与其下层官兵接触。在军官教导团教育训练期间，政工干部只有在课堂上起点作用，其余时间根本无法接近起义军官。有的军官接近政工干部，回去后就受到审查。教导团办了 4 个月就停办了。郝鹏举还煽动军官们说：“新四军要围攻我们。”郝鹏举决定：一定要在四面的山上构筑两个师的工事。民房的屋顶上都要开出枪眼，对外则声称是为了防备国民党军的袭击。

7 月 23 日，朱克靖与中央派遣到郝鹏举部担任政治部主任的刘述周向华东局报告了郝鹏举异动征候，认为郝鹏举与国民党的秘密勾结已相当成熟，反水的可能性较大。华东局向中央作了报告。陈毅经过半年来的观察，已了解郝鹏举起义是为保存实力，对这个野心家不可不防。

中共中央 8 月 2 日电告华东局和陈毅。在目前内战扩大及我加紧争取国民党停止内战的时候，如果郝鹏举投靠国民党而反对我们，在政治上对我极为不利。为此应尽一切可能与采取一切办法争取和稳定他，以坚定他的胜利信心，并从多方面给予鼓励，表示党对他的信任和器重。张云逸（时任新四军副军长）可以以华东局代表名义，与郝鹏举恳切商谈其部队问题，劝他对其内部一切动摇分子指出投蒋必作反共内战的牺牲品，最后必将被蒋消灭。如经过反复说服后，他仍愿离我而去，则只好礼送之，不要扣留其部下一人一枪。再来者我亦再迎之。

张云逸到郝鹏举部后，向朱克靖、刘述周详细了解了情况，与郝鹏举当面会谈。

朱克靖又借机派邓旭初回临沂向陈毅汇报情况。

陈毅说：“郝鹏举这个人多疑善变，倒戈成性。从政治上考虑，对郝鹏举一定要采取宽大政策。从军事上说，我们目前集中兵力于南北两线，对付徐州、济南两个方向的敌人，一时还抽不出兵力去解决郝鹏举。你们要做好防止郝鹏举异动的准备，坚持在那里，稳住他，能拖延一天都是好的。我们的同志要准备当俘虏，不到最后一分钟不要离开。”

邓旭初回来后向朱克靖汇报陈毅司令员的指示，朱克靖立即向全体政工干部作了传达。大家都表示要按照陈毅司令员的指示坚决执行，坚持到最后一分钟。

8月，中共华中军区实验剧团不顾险阻来到

淮北前线，越过陇海铁路到达华中民主联军司令部驻地徐班庄。为民主联军演出了30多场《三打祝家庄》和《九宫山》。慰问演出后，朱克靖说：华中剧团这次慰问演出任务完成得很好，对于争取教育改造这支部队做了有益的工作。但是我要告诉同志们，郝鹏举伺机反水，有可能把剧团扣留，作为投靠薛岳（时任国民党国防部徐州“绥署”主任）的见面礼。同志们不要相信什么“总司令要请你们会餐，留你们在此多休息一些时候”等骗人的鬼话。我们已经通知地方政府，为你们准备好民工和车辆，你们明天一早就走，尽快离开这里，到滨海军分区驻地三界首。按照朱克靖安排，剧团第二天赶早趁着大雾离开郝部，脱离了危险。

9月两淮失守前后，郝鹏举与国民党往来勾结愈密，他派刘澄暗中去徐州见薛岳。

军官教育团解散后，为了安排新四军派去的干部，郝鹏举只得暂时成立政治工作机构，总政治部主任由国民党特务刘澄担任，刘述周同志任副主任。各师团也成立了政治部，田磊同志任第3师政治部主任，其他 3 个师的政治部主任都不是新四军政工干部。

10 月 11 日，国民党军占领了张家口，气焰更加嚣张，又派重兵分两路进攻山东解放区。随着形势的变化，反复无常的郝鹏举反动本质越来越暴露。他派人投书国民党军参谋总长陈诚，企图发动叛乱，再次投靠蒋介石。但是，这个阴谋被朱克靖及时发现，并报告了山东军区司令部。

郝鹏举召开了一次政工会，由国民党特务刘澄主持，会场上的气氛到了剑拔弩张的地步。会议一直开到晚上 9 点多钟，还是僵持不下，最后在唇枪舌战中结束。

新四军政工干部来到郝鹏举的会客室，只见桌子上早已摆满了瓜子、点心和香茶。

郝鹏举先讲话，说："刚才听说你们在政工会议上许多问题有争议，这些问题在会议上解决不了，请大家来这里谈一谈，也请朱部长听一听。我们共同研究解决。"

新四军政工干部开始发言，大家把在下边听到、看到的郝鹏举部官兵反动的事实都讲了，一直讲到下半夜。郝鹏举假惺惺地招待新四军政工干部，故意和朱克靖部长谈诗论词，缓和气氛。这时东方已现出鱼肚白。

朱克靖一看快要天亮了，就说："天快亮了，请总司令作指示吧！"

郝鹏举说："同志们谈的问题都是军纪问题，以后要按军纪很好处理。有些军官公开颂扬国民党，诬蔑共产党，破坏共产党的威信，这是不允许的，以后要严肃处理。"接着又把话题一转说："工作原则嘛，要坚持，工作方法要灵活；如果工作方法不灵活，把事干坏了，就不好了。当然，我们的同志不怕艰苦困难，不怕牺牲，但工作做得不好，即使当了烈士，事情也没办好，这也没有什么好处！"

朱克靖说："郝总决心很大，大家要好好工作！"

郝鹏举紧接着说："述周兄有什么意见吗？"

刘述周发言结束后，会议就结束了。

过了两天，几个新四军政工干部在徐班庄村后的抗日山烈士陵园共同分析形势，一致认为：郝鹏举部肯定会叛变的，什么时候叛变还拿不准，对郝鹏举部的教育改造工作已无法进行。但华东军区再次指示：不到万不得已的情况，不准撤出。同志们遵照华东军区首长指示，抱着对郝鹏举部一线之希望坚持工作。为了党的工作，即使当了烈士也是光荣的。

忠诚与背叛　善恶终有报

12 月下旬的一天晚上，郝鹏举突然通知朱克靖，已命令第 1、2、3 师向南开拔到沙河去，邀请朱克靖部长同行。朱克靖对此行心有怀疑，但为了坚持到最后一分钟，还是冒险随郝鹏举走了。除朱克靖同志外，其他的政工人员和郝鹏举部副司令毕书文及总部机关、在莒县中楼的留守处，都没有动。

部队开到新（浦）海（州）连（云港）附近后，郝鹏举天天拉着朱克靖商量作战方案。朱克靖感到郝鹏举心中有鬼，再次向郝鹏举说明中共新四军对待友军的政策。

郝鹏举却暗地里召开高级将领会，酝酿阴谋叛变。郝鹏举提出：“我们这个路子走得究竟对不对，今后怎么办？请大家讲讲。”

刘澄和刘伯阳主张投靠国民党蒋介石。

第 1 师师长乜庭宾坚决反对投蒋，其他师长没有发言。

会上处于僵持状态。最后郝鹏举表示说：“哎呀！这个事情难啊！以后再说吧！”

朱克靖随郝鹏举部南下时，乜庭宾秘密送来一张字条，上写“凶多吉少”4 字。刘述周为了弄清情况，派政治部宣传科干事毛立祥带着他的信去找朱克靖。等到下午 2 点多钟，朱克靖才回来。毛立祥把刘述周的信给朱克靖，朱克靖看后即对毛立祥说：“我对他们的这一行动也深感怀疑，所以我找到郝鹏举直接说明了我的怀疑。但他不承认有别的意图，说把部队拉出来就是要打敌人据点，并提出要我马上给军部首长打电话进行解释说明，不要误会。”

朱克靖到沙河镇给军部陈毅司令员打电话，汇报了郝鹏举的异常动向，认为郝鹏举有可能叛变，并请示我们的政工干部是否撤离。

陈毅接到朱克靖的报告后说：“这还是郝鹏举的试探，不算最后叛变。因为郝的总部和第4师没有动。我们的人不可草率撤退，要坚持到最后一分钟。我已采取了军事部署。”

为了以防万一，陈毅调动华中野战军3个纵队，悄悄地向郝鹏举部驻地包抄合围，并急令滨海军分区政委谷牧派联络干部华诚一赶到郝鹏举部，向郝鹏举传达陈毅的话：“只要不背叛，一切均可商谈。”

郝鹏举知道我军正向他迂回行动后，神情十分紧张，感到压力骤增，而且他密令南下的3个师也没法迅速和国民党军靠拢。于是，郝鹏举又快马追回朱克靖，满脸堆笑说：“朱大哥，怎么搞的，新四军竟包围我们呢！”

朱克靖知道陈毅已经采取行动，就不慌不忙话里有话地说：“这要问郝总司令自己呀！你是老军人，岂有不懂的道理？”

1946年12月，郝鹏举看到国民党军大举进攻，华东野战军不断后撤，认为陈毅已不再是靠山。他厚待国民党军来使，竟然答应陈诚、薛岳的要求，表示要“还军于国”，准备叛变。使者留下了电台和谍报人员，回徐州复命。

这些活动尽管是绝对秘密地进行，但终究逃不出新四军政工干部的眼睛。朱克靖得悉后，就星夜上报陈毅：“郝鹏举即要谋反起事，速筹对策。”

12月底，朱克靖深知此行肩负责任的重大，慨然答道：“不入虎穴，焉得虎子！”表示决心克服任何艰难险阻，坚持到最后一分钟。

朱克靖已感到郝鹏举叛变在即，在郝鹏举部工作的同志们危在旦夕。为了保护更多的同志，朱克靖果断决定：军区文工团全体人员，还有搞报道的新闻干事，部分年轻的政工人员，迅速撤离郝鹏举部回临沂，自己带领少数政工人员坚持到最后。朱克靖还想到经常来郝鹏举部工作的滨海军分区司令员刘少卿、政治委员谷牧，打电话给刘少卿预先约定：除非他本人亲自打电话，滨海军分区的同志不要到郝鹏举部来，以防不知情误入陷阱被郝鹏举诱捕。

1947 年 1 月 21 日是农历除夕，坚守岗位的政工干部们聚会，大家谈到由于郝鹏举坚持反动立场，随时有可能叛变投靠蒋介石，同志们也随时有可能被捕牺牲，感到惋惜。朱克靖在晚会上即席赋诗抒发革命豪情，表示为革命大局不惜牺牲个人一切，最后说：“毕生受党培育，未能厚报，如果有不测，一定以生命维护党的利益，献出最后一滴血！”在场的同志都受到极大的感触，表示要经受住党的考验，在最艰险的岗位上，战斗到最后一分钟。

1 月 26 日（农历正月初五），刚刚过了春节，这天下着小雪。下午 4 点钟，部队就吃了晚饭。这一异常举动引起朱克靖的怀疑，朱克靖判断郝鹏举必有异动，要同志们有思想准备。

约下午 5 点钟，军官教育班主任王效增召开大队和队的两级干部联席会，邀新四军政工干部参加。郝鹏举的恶毒目的是想将政工干部一网打尽。但由于王效增不知底细，开会又没有什么事情，随便谈了谈，6 点钟以前就散会了。

晚上6时许，郝鹏举派警卫人员“请朱部长面谈配合作战问题”。为了坚持到最后一分钟，朱克靖决定单刀赴会。

当朱克靖和4名警卫员来到郝鹏举总部院子，进入郝鹏举的房间时，不见郝鹏举，只见预先埋伏的特务营士兵一拥而上，将朱克靖绑了起来。4名警卫员还未来得及拔枪抵抗，就被叛军用匕首一一刺死。朱克靖被关押在一间土屋内。

刘述周来到朱克靖住处，得知朱克靖已被郝鹏举请去了，刘述周只得等候朱克靖回来。郝鹏举命令特务团连长带一个连包围政工干部驻地，分头逮捕政工干部。叛兵先到谷凤鸣住处叫门，谷凤鸣待叛兵冲入时即和警卫员开枪反击，打伤特务队长，但警卫员牺牲了。几个叛军士兵来到朱克靖住处，用手榴弹炸开房门，刘述周会合政工人员据屋抵抗，双方开火射击，叛军不敢恋战撤离，刘述周等20余人脱险。联络部秘书科长黄宜生、总务科长刘永清和褚谊民、曹美光等人，均被叛军抓走。

滨海军分区司令刘少卿在前方听到从西北方

向传来零星枪声，即打电话给沙河情报站，个把小时后，从情报站传来报告：郝鹏举部已经叛变，绑架了朱克靖等派驻的政工人员，已向陇海路南逃逸，刘少卿立即把情况通报给在分区机关的政委谷牧，要他向军区陈毅司令员报告。

郝鹏举在绑架朱克靖的同时，还扣押了亲共的高级将领第1师师长乜庭宾、第2师师长张奇和联军副总司令李泽洲。郝鹏举准备将这些人和朱克靖一起押往徐州，献给国民党军方面，向蒋介石请功。

晚上10时，郝鹏举下令全军向南开拔。他们害怕共产党派部队追击，急行军100余里。由于变起仓促，随军家属来不及准备，拖儿带女，携箱夹笼，号哭之声不绝于途，部队行进紊乱，争先恐后，互相践踏，极为狼狈。朱克靖和乜庭宾、张奇被捆绑着，骑在马上，夹在特务团行列中间，先押送到灌云县南城镇的一个村子里。开始，朱克靖和乜庭宾、张奇押在一起，后来叛军将他们分开关押。

当时郝鹏举部队在解放区边沿地区，离我军

不远，还不敢对朱克靖过于为难，企图用软化政策争取朱克靖，不再捆绑，表面上给予优待。但门外有叛军哨兵监视，还架着重机枪，防守严密。

郝鹏举部副总司令毕书文假惺惺地对朱克靖说："这是误会，是下面搞的，郝总司令并不知道。"

朱克靖当即斥责说："这是你们有计划的逮捕，有计划的叛变，是在郝鹏举主持下进行的。我是郝鹏举请来谈话，是在他的房间里被逮捕的。"

朱克靖虽被绑架，仍然不放弃对叛军的教育争取工作，他说："军部的意见我早就和你们讲清了，陈军长也和郝鹏举本人谈了，只要你们悔悟，愿意投向人民，和我们共同打敌人，是有前途的，现在改变主意还来得及。"

朱克靖义正词严地说："我们在你部工作，是根据党的指示，为了帮助你们进步，做了不少工作，无愧于你们。两国交兵，尚且不斩来使，你们却忘恩负义。再说一切由我负责，我的同志们有何罪过？我要求你们立即放他们回去！"

毕书文无奈只得答应："请朱部长放心，我保证放回。"

由于朱克靖据理力争，加之我方提出放回郝鹏举部后方留守处的人员和家属作为交换，被叛军抓捕的部分干部和家属才得以释放。

郝鹏举连夜转移，脱离华东野战军威胁后，立即召集营长以上军官会议，宣布正式“还军于国”，脱离共产党，投向国民党蒋介石，接受国军第42集团军的番号，自任总司令。郝鹏举同时宣布，乜庭宾、张奇、李泽洲是亲共分子，业已扣押，当即任命毕书文为副总司令，同时委派了两个师的师长。第二天一早，郝鹏举就派毕书文带人将朱克靖、李泽洲、黄宜生、刘永清、褚谊民、曹美光等人押往徐州，交给陈诚的部队。

郝鹏举在叛变的第二天，就赶到徐州面见陈诚和薛岳。不见犹可，一见之下，竟使郝鹏举心凉了半截。所谓海州的欢迎大会，只准郝鹏举和副总司令毕书文带少数人参加。陈诚毫无表情地对郝鹏举说：“42集团军的番号，仅是一般号召，因为中央军各战区的所有集团军的番号，都已取消。今后可以用‘鲁南绥靖区司令官’的名义，剿灭鲁南共军。”这番话对郝鹏举来说，无异于晴天霹雳，立降三级，郝鹏举再问粮饷，陈诚的答复是："就地筹集，中央不拨款项。"

不仅如此，陈诚命郝鹏举立即从白塔埠向鲁南发动攻击，说什么"等消灭山东共军后，南京必有重赏"。这是郝鹏举最害怕的事，他本想保存实力，势必成为泡影。充当国民党的急先锋，准备向鲁南进攻了。

当时正值莱芜战役前夕，国共双方都在紧张地调兵遣将。陈毅和粟裕决心乘这个间隙，发动讨郝战役，消灭狼心狗肺、忘恩负义的郝鹏举。

1947年2月3日，华东野战军第二纵队在司令员韦国清、参谋长张震指挥下，夜渡沭河，兼程东进，迅速完成了对郝鹏举部的包围。2月6日晚，经过一昼夜的激战，郝鹏举部第2、3两师几乎全被歼灭。郝鹏举被押着去后方，已跑掉的第2师、第4师部分官兵也都回来了。

陈毅救老友朱克靖心切，2月20日与粟裕、谭震林联名致电中央，提出以6日俘虏的郝鹏举向国民党方面交换朱克靖。同日周恩来起草中共中央复电称：现不忙杀郝，亦不忙马上提出以郝换朱。已电董必武托人向毕书文试探，并可透露以蒋方将级军官交换。

1947 年上半年，国民党军对山东解放区实施重点进攻，形势非常紧张。郝鹏举、刘伯阳等一些被俘的国民党高级将领也随部队行军，由军分区政治部主任王少庸带队押解。

王少庸是朱克靖的学生，与朱克靖有师生之谊，又是朱克靖介绍他入党和参加革命的。现因郝鹏举叛变出卖朱克靖，朱克靖被押赴南京，凶多吉少，为此王少庸对郝鹏举恨之入骨。在押送途中，王少庸对郝鹏举看管倍加严厉，郝鹏举和刘伯阳二人私下偶尔交谈，感到前途不妙，等战事稍停，必定要交群众公审。因此，二人商量一定要伺机脱逃。一天晚上，月黑风高，伸手不见五指，郝鹏举和刘伯阳二人借口小解，到了树林里企图逃跑。王少庸掏出枪来朝着郝鹏举就打，郝鹏举受伤逃跑，两名押解的士兵一梭子冲锋枪扫过去，郝鹏举身中 5 枪，立时倒地毙命；刘伯阳也自然难逃，陪着郝鹏举一起到了黄泉路上。

英雄虽远去　信仰终永存

朱克靖等5人被捕后，由郝鹏举派兵押解，在海州移交给国民党陈诚部队。

陈诚即命部队速将朱克靖等由海州专机押解到徐州，脱离前线。朱克靖被押解到徐州，拘押数日，又转往苏州监狱。在苏州监狱，朱克靖和一起被捕的同志受了许多苦。但朱克靖泰然处之，照旧写诗词表明自己的心迹。不久，国民党最高当局命令将朱克靖转往南京。

1947年2月22日，朱克靖被移送到南京。

国民党喉舌歪曲报道，把朱克靖说成是在鲁南战场被俘，避而不提是因郝鹏举叛变将朱克靖出卖给蒋介石，被押解到南京的。

南京城宁海路19号，从外表看是一栋独门独院二层一底小楼，很少人知道这里是国防部保密局看守所。朱克靖被关押在这里。看守所围墙上架设了电网，墙边有几个小岗楼，西北角浮搭着两间矮矮的厨房和下房。楼里面除了一间办公室，其他房间都作了牢房。

朱克靖被关押在一间单独的囚室里。身陷敌人暗无天日的牢狱，看不见陈、粟战友，看不见妻子儿女，他愁肠百结。

朱克靖开始和随员褚谊民在一间囚室，一周后看守把他们分开。其他几名同志被转移到镇江集中营关押。分别时，朱克靖和他们久久地握手，嘱咐他们坚持斗争。

朱克靖说："你们中间如果有人回到我们那边去，请把我在狱中的情形告诉党组织。生为人民，死为人民，永不投降，永不叛变！"

起初，蒋介石对朱克靖抱有幻想，希望朱克靖能投向党国怀抱，跟着他走，借以影响中共的士气。

1947 年，全国内战到了转折关头。蒋介石调集由 160 多万人整编的正规化、机械化部队，进攻矛头首先指向中原和华中解放区。蒋介石要在半年内消灭共产党，没想到共军越打越多，越战越强，他自己倒损兵折将。就是在那个时候，郝鹏举献上了朱克靖作为晋见礼。蒋介石对郝鹏举不屑一顾，对朱克靖却极为重视，命令立即将其送到南京。

蒋介石吩咐部下："朱克靖北伐时是第 3 军党代表，不许饿饭，不许用刑，劝他脱离共产党，为党国效力。"

保密局副局长毛人凤看到蒋介石重视朱克靖，就想在朱克靖身上下功夫有所突破。

朱克靖严正回答说："叫我死，叫我回家种地则可，让我骂共产党，为国民党宣传，是痴心妄想！"

保密局处长叶翔之，也曾在苏联留学，几乎每天都来看望朱克靖。国民党军政治部秘书长贺衷寒，湖南岳阳人，也来看望朱克靖。贺衷寒、叶翔之等婉言相劝，希望朱克靖归顺蒋介石。朱克靖一笑置之，不为所动。

大员们劝说无效，蒋介石委员长亲自出马，3 次请朱克靖在总统府吃饭，要朱克靖回到党国的怀抱。

每次去总统府赴宴，朱克靖要脱去囚服，换上便装，由保密局副局长毛人凤陪同，乘专车前往。

蒋介石见了朱克靖，作出热情接待的姿态，一口一个“老朱同志”，“老朱同志，你受苦了！”

朱克靖不卑不亢，微笑说：“蒋先生，南昌一别，20 年不见了。”

“是啊，当年北伐军进攻南昌之战，你们第 3 军是有功劳的。”

“那时总司令亲到前线督师。”

落座之后，蒋介石故意问：“怎么共军连你这样的高级将领都保不住，被俘虏了？”

朱克靖正色说：“蒋先生，我不是在战场被俘的，是郝鹏举叛变，把我骗到他的办公室，将我绑架作为礼物献给南京的。怎么郝鹏举没向蒋先生报告吗？”

蒋介石说：“郝鹏举要见我，我才不见这个反复无常的汉奸。现在不用我枪毙他，陈毅已将他的部队消灭，他也成了俘虏。”

“这也是善有善报，恶有恶报吧。”

“不去说他。看守所的伙食还好吗？”

“这要问毛局长。”

毛人凤忙插话说：“现在物价飞涨，看守所伙食补贴有限。”

蒋介石说：“我不是交代你们要优待老朱同志吗？”

“我们对老朱同志是很优待的。”

朱克靖说：“毛局长说得不错，对我从没有像对其他人那样动刑。”

蒋介石点了点头，说：“老朱同志，你到我这里来吧！帮帮我，我不会亏待你。贺衷寒、刘斐北伐时官衔比你低，现在都是中将，我保证你不低于他们。你如不愿在军队，可以再回江西省当个省长副省长。”

“蒋先生的好意我心领了，不过我耻于做郝鹏举那种人。”

宴请结束，蒋介石说：“你再考虑考虑，早日解脱牢狱之苦，我们再谈。”

不久后，蒋介石第二次接朱克靖去吃饭。

蒋介石踌躇满志地说：“现在国军在战场上节节胜利，像赶鸭子一样打得陈、粟共军到处跑。”

朱克靖说：“我从报纸看到，整编第 74 师在孟良崮作战失利，师长张灵甫战死。我说过顾祝同、汤恩伯不是陈毅、粟裕的对手。”

蒋介石叹道：“这是国军空前的大损失，是最可痛心最可惋惜的一件大事。”接着说：“不过我亲自到徐州召开作战会议总结经验教训。现在山东战场局面已经扭转，共军失败大局已定。”

朱克靖起立，严正地说：“蒋先生，抗日战争胜利后本应和平建国，恢复国力，改善民生。现在内战连连，受害的是国家，遭难的是百姓。国家满目疮痍，老百姓在水深火热之中，政治领袖何以安心？克靖呼吁蒋先生停止内战。”

蒋介石愠怒地说：“我也不愿打内战。可是卧榻之侧，岂容猛虎酣睡？我不消灭共产党，共产党早晚要消灭我。你回去好好反省！”

第三次请朱克靖吃饭，酒过三巡，菜过五味，蒋介石问：“反省得怎么样了？”

朱克靖坦然自若地说：“我有两个生命，一个是肉体生命，一个是政治生命。我虽跨党从事革命，但我是为共产党打天下。现在我已成阶下囚，我宁愿牺牲我的肉体生命。我为共产主义理想奋斗

了大半生，我不能牺牲我的政治生命。”

蒋介石叹道：“你不听我的劝告，你将后悔莫及。”

朱克靖在狱中，坚持真理，坚持信念，坚持气节，坚持斗争。

朱克靖在狱中每天读书看报，狱中有图书室、报纸，对朱克靖还算优待。读书看报是狱中获得外界情况的唯一渠道，从书报新闻中可以了解和分析国内外政治军事形势的发展。朱克靖每天读书看报，他有丰富的政治经验，善于从国民党报纸上的反动虚假新闻中发现它背后隐藏的真实，从而分析解放战争的形势，把我军在战场上取得的胜利告诉狱中的同志和难友，鼓舞大家。

朱克靖到南京宁海路 19 号看守所不久，皖北军区政治部主任徐祖芳，苏北军区政治部主任杨斌夫妇，也被捕入狱，关押在宁海路 19 号看守所。徐祖芳 1926 年入黄埔军校第 5 期步科班，次年加入中国共产党。1944 年汪伪创建警卫第 3 师，徐祖芳利用关系任该师政训主任，争取师长钟健魂率官兵 3000 余人在淮南解放区钟家集起义，改编为人民解放军独立第1军，徐祖芳任副政委兼参谋长和第2师政委。被捕后拒绝敌人以少将头衔诱降。朱克靖利用放风机会和他们取得联系，交换了狱外狱内的情况。他们利用一切机会、一切手段，发动和组织难友，与国民党当局和监狱看守特务进行斗争。

朱克靖在狱中无时无刻不关切地注视革命局势的变化，关心陈粟大军的进展，关怀着同志家人。莱芜战役、孟良崮战役后，他胸有成竹地对难友说："整个江南很快就要全部解放了。"

国民党反动派屡次劝降不成，黔驴技穷，后来变换了手法，对朱克靖轮番审讯，百般恫吓，企图迫使他投降。尽管敌人软硬兼施，朱克靖坦然相对，大义凛然。他在监狱里写诗词，抒发革命情怀，表达忠诚于共产主义理想和人民解放事业的革命者的高尚品格。其中一首古风是：

此身早许国，
被卖作楚囚。
壮士非无泪，

不为断头流！

一颗为民心，

万古终不眠（一作泯）。

身心献党国，

一死何足愁！

1947 年 10 月，经蒋介石批准，国民党保密局特务将朱克靖秘密杀害，刽子手在看守所大门口的救护车上，用绳索绞杀了朱克靖同志，并将他的遗体草草掩埋在南京郊外雨花台荒野。

在黑暗即将过去、黎明即将到来时，在解放战争即将取得最后胜利、中华人民共和国成立前夕，朱克靖同志壮烈牺牲了，为共产主义理想和中国人民的解放事业献出了宝贵的生命。信仰永恒，誓言无声，在中国共产党的英雄图谱上，朱克靖舍生取义、赤胆忠心，谱写了一曲光辉而悲壮的信仰之歌。

如今，每当春花烂漫时，人们总要自发地来到雨花台，凭吊朱克靖等为祖国的解放事业捐躯的革命先烈。英雄的信仰不死，先辈的精神永存！

后　记

在朱克靖极富传奇的人生经历中，我们可以学习到许多东西，相信每一位读者在读完本书后也都会有自己的体会。在编写的过程中，我也接受了一次精神上的洗礼。英雄的故事也许普通，也许平凡，但是折射出的，是一个大写的人不断进取、不断追梦、不断坚守的闪光过程。

朱克靖同志的一生，是追求进步的一生，追求革命的一生，追求真理的一生。无论是求学北大，还是留苏学习；无论是参加北伐，还是投身南昌起义；无论是任职新四军，还是调任山东野战军，哪怕是最后身陷国民党反动派的牢狱囹圄，面对蒋介石等人的游说劝降，朱克靖都坚持笃信真理、一心跟党走，即便是英勇就义仍坚贞不屈。这样伟大的共产主义品格，就是值得我们永远传承的红色基因，永远纪念的民族之魂。

在本书编写过程中，得到了军事科学院政治工作研究院领导和机关的大力支持；还请康月田、李博、岳思平、褚银等多位专家学者对本书进行了审读，提出了宝贵的意见。

本书的主要参考资料有：《朱克靖传奇》（赵勤轩著/解放军出版社）、《坚贞不屈的共产主义战士：朱克靖》（赵勤轩著/湖南人民出版社）、《去留肝胆：朱克靖烈士传》（王成章著/江苏凤凰文艺出版社）、《朱克靖传》（赵勤轩、康青星著/中共党史出版社）等。

在此，谨向关心和帮助本书写作的各位领导、专家学者，以及上述书刊作者、编辑致以深深的谢意！

图书在版编目（CIP）数据

朱克靖 / 军事科学院解放军党史军史研究中心编.
北京：学习出版社，2025.6. -- （中华先烈人物故事汇）. -- ISBN 978-7-5147-1360-2

Ⅰ. K825.2

中国国家版本馆CIP数据核字第2025BV6689号

朱克靖

ZHU KEJING

军事科学院解放军党史军史研究中心

责任编辑：宋　飞　　封面绘画：刘书移
技术编辑：贾　茹　　内文插图：韩新维
美术编辑：杨　洪　　装帧设计：壹读闻话

出版发行：学习出版社
北京市东城区崇外大街11号新成文化大厦B座11层（100062）
010-66063020　010-66061634　010-66061646
网　　址：http://www.xuexiph.cn
经　　销：新华书店
印　　刷：北京联兴盛业印刷股份有限公司

开　　本：787毫米×1092毫米　1/32
印　　张：5.75
字　　数：75千字
版次印次：2025年6月第1版　2025年6月第1次印刷

书　　号：ISBN 978-7-5147-1360-2
定　　价：25.00元